Curso
MAD360

*La diferencia entre aprobar
y sacar plaza*

Lavandera

SERVICIO MURCIANO DE SALUD

Si aún no dispones de tu **Curso MAD360**, te ofrecemos un acceso GRATIS de 30 días para que disfrutes de los siguientes recursos:

- Técnicas de Memoria 360.
- MADTEST: Test *online* Nivel PRO.
- Temario en formato digital.
- Vídeos.
- Esquemas.
- Planificación de estudio.
- Foro entre opositores hasta la fecha del examen.*
- Recursos y novedades exclusivas.
- Consúltanos sobre tu oposición y proceso selectivo.
- Actualizaciones legislativas (Boletines Oficiales) hasta 60 días antes de la fecha del examen.*

Para acceder a esta prueba del Curso MAD360** será necesaria la compra de todos los libros para esta especialidad de la edición 2026.

Regístrate en **mad.es/iniciar-sesion** y en la pestaña MIS CURSOS valida los códigos que encuentras en la última página de tus libros.

NOTA IMPORTANTE:

* Examen de esta categoría profesional correspondiente a la convocatoria publicada en el BORM núm. 291, de 18 de diciembre de 2025, o hasta el 28 de febrero de 2027, lo que se cumpla antes, y previa renovación del servicio.

** El acceso al CURSO MAD360 estará disponible desde febrero de 2026 (algunos recursos podrían estar disponibles en fecha posterior). Tendrá una duración de 30 días RENOVABLES mediante pago, desde la validación de códigos, o hasta el 31 de agosto de 2027, lo que se cumpla antes.

MAD se reserva el derecho a ampliar dichas fechas.

Lavandera del
Servicio Murciano de Salud

Febrero, 2026

0290-01X-0-0-0226

Lavandera del Servicio Murciano de Salud

Test del temario

Autores

ANA MARÍA SERRANO BÁRCENA
LICENCIADA EN BIOLOGÍA

JUAN MANUEL GIL RAMOS
LICENCIADO EN MEDICINA

HERMINIA ANDRADES ROMERO
DIPLOMADA EN FISIOTERAPIA.
TÉCNICA SUPERIOR EN IMAGEN PARA EL DIAGNÓSTICO.
TÉCNICA SUPERIOR EN LABORATORIO DE ANÁLISIS CLÍNICO.
PREVENCIONISTA DE RIESGOS LABORALES (GRADO INTERMEDIO)

M.ª DOLORES MOLADA LÓPEZ
DIPLOMADA EN MAGISTERIO
TÉCNICO EN PREVENCIÓN DE RIESGOS LABORALES

LIDIA PONCE MARTÍNEZ
LICENCIADA EN PSICOLOGÍA

JOSÉ LUIS GARRIDO VELA
LICENCIADO EN DERECHO

© 7 Editores Recursos para la Cualificación Profesional y el Empleo, S.L. (7 Editores)
© Los autores
Primera edición, febrero 2026 (148 páginas)
Derechos de edición reservados a favor de 7 Editores
IMPRESO EN ESPAÑA
Diseño Portada: 7 Editores
Edita: 7 Editores
Avda. San Francisco Javier, 9 · Edificio Sevilla 2 · Planta 11 · Módulos 25-27 · 41018 Sevilla
Teléfono: 954 784 411 · WEB: www.mad.es · e-mail: administracion@7editores.com
ISBN: 979-13-702-8505-0
© "Editorial Mad" y "Eduforma" son nombres comerciales registrados de
7 Editores Recursos para la Cualificación Profesional y el Empleo, S.L.

Queda rigurosamente prohibida la reproducción total o parcial de esta obra por cualquier medio
o procedimiento sin la autorización por escrito del editor.

Índice

TEST PARTE ESPECÍFICA

TEST
PARTE GENERAL

TEST N.º 1

Los derechos y deberes fundamentales en el Título I de la Constitución Española; la protección de la salud en la Constitución. La Ley Orgánica 4/1982, de 9 de junio, del Estatuto de Autonomía de la Región de Murcia: órganos institucionales y régimen jurídico

1. El derecho a la propiedad en nuestra Constitución es un Derecho:

a) Inherente a la condición humana.
b) Absoluto.
c) Que está limitado por la función social de la misma.
d) Ninguna de las respuestas anteriores es correcta.

2. Dispone la Carta Magna que todos contribuirán al sostenimiento de los gastos públicos de acuerdo con su capacidad económica mediante un sistema tributario justo inspirado en los principios de:

a) Legalidad y equidad.
b) Igualdad y progresividad.
c) Publicidad y legalidad.
d) Eficacia y sostenibilidad.

3. En virtud del principio de progresividad tributaria:

a) Se implantarán paulatinamente cada vez mayores tributos.
b) Los tipos impositivos serán regresivos.
c) Prima el principio de igualdad en el pago de los tributos.
d) Nada de lo expuesto es cierto.

4. Según la Constitución, el Estado es:

a) Apolítico.
b) Aconfesional.
c) De bienestar social.
d) Federal.

5. El derecho a la vida se consagra en el siguiente artículo de la Constitución:

a) 10.
b) 16.
c) 15.
d) 24.

6. La pena de muerte en España:

a) Ha quedado abolida.
b) Puede aplicarse en cualquier momento.
c) Solo se aplicará, en tiempo de guerra, a los militares.
d) Rige solo en el ámbito civil.

7. La inmediata puesta a disposición judicial derivada del *habeas corpus*, se produce por:

a) Detención ilegal.
b) Prisión ilegal.
c) Prisión preventiva.
d) Detención preventiva.

8. El proceso en el que se enjuicie a un presunto delincuente debe:

a) Ser sumario.
b) No dilatarse.
c) Entorpecer los instrumentos probatorios.
d) Nada de lo anterior es cierto.

9. La entrada en un domicilio en caso de flagrante delito, sin autorización de su titular:

a) Puede dar lugar a la aplicación del habeas corpus.
b) Requiere autorización previa de la autoridad judicial.
c) Puede efectuarse en todo momento.
d) No puede realizarse en momento alguno.

10. Cuando, al conocerse la comisión de un delito por una persona, se acude a su domicilio para detenerla:

a) Está obligada a franquear la entrada.
b) Se necesitará autorización judicial para entrar, si no da su consentimiento para ello.
c) Pese a que no dé su consentimiento, se puede entrar.
d) Nada de lo anterior es correcto.

11. La autorización previa para celebrar una manifestación pública:

a) La da el Subdelegado del Gobierno en la Provincia.
b) Es ineludible.
c) Sería inconstitucional.
d) Se da cuando no se prevean alteraciones al orden público, con peligro para personas o bienes.

12. El tipo de sufragio que consagra la Constitución es el:

a) Proporcional.
b) Universal.
c) Censitario.
d) Las respuestas a) y b) son correctas.

13. Además de la no autoinculpación, la Constitución prevé que no se está obligado a declarar sobre un hecho presuntamente delictivo en caso de:

a) Parentesco y afinidad.
b) Cláusula de conciencia.
c) Secreto profesional.
d) Las respuestas a) y b) son correctas.

14. Los Tribunales de Honor están prohibidos respecto de los/la/las:

a) Sindicatos y Organizaciones Profesionales.
b) Administración Civil y Militar.
c) Organizaciones Profesionales y la Administración Civil.
d) Todas las respuestas anteriores son correctas.

15. ¿En qué artículos de nuestra CE se recogen los derechos fundamentales y de las libertades públicas?

a) En los artículos 10 a 43.
b) En los artículos 25 a 38.
c) En los artículos 31 a 45.
d) En los artículos 15 a 29.

16. El Estatuto de Autonomía de la Región de Murcia fue aprobado a través de la Ley:

a) Ley Orgánica 4/1982, de 9 de junio.
b) Ley Orgánica 2/1984, de 6 de septiembre.
c) Ley Orgánica 4/1984, de 6 de junio.
d) Ley Orgánica 2/1982, de 9 de septiembre.

17. ¿De cuántos artículos consta el Estatuto de Autonomía de la Región de Murcia?

a) 45 artículos.
b) 55 artículos.
c) 69 artículos.
d) 82 artículos.

18. ¿Qué título del Estatuto de Autonomía de la Región de Murcia se refiere a los órganos institucionales?

a) Título Preliminar.
b) Título I.
c) Título II.
d) Título III.

19. Según el artículo 2 del Estatuto de Autonomía de la Región de Murcia, los poderes de la Comunidad Autónoma emanan de la Constitución, del Estatuto de Autonomía, y de:

a) El pueblo.
b) La Asamblea Regional.
c) Las leyes.
d) El Tratado de la Unión Europea.

20. La Comunidad Autónoma de Murcia se organiza territorialmente en:

a) Municipios.
b) Municipios y comarcas.
c) Municipios y mancomunidades.
d) Entidades locales e institucionales.

En MADTEST tienes **más preguntas de este tema**, y todos tus avances quedan registrados y se reflejan en el ranking.

¡Supera tus límites con MADTEST!

Solución al test n.º 1

1. c) Que está limitado por la función social de la misma.

2. b) Igualdad y progresividad.

3. d) Nada de lo expuesto es cierto.

4. b) Aconfesional.

5. c) 15.

6. a) Ha quedado abolida.

7. a) Detención ilegal.

8. b) No dilatarse.

9. c) Puede efectuarse en todo momento.

10. b) Se necesitará autorización judicial para entrar, si no da su consentimiento para ello.

11. c) Sería inconstitucional.

12. b) Universal.

13. c) Secreto profesional.

14. c) Organizaciones Profesionales y la Administración Civil.

15. d) En los artículos 15 a 29.

16. a) Ley Orgánica 4/1982, de 9 de junio.

17. b) 55 artículos.

18. c) Título II.

19. a) El pueblo.

20. b) Municipios y comarcas.

TEST N.º 2

**La Ley 14/1986, de 25 de abril, General de Sanidad:
la organización general del sistema sanitario público; los servicios
de salud de las comunidades autónomas; las áreas de salud.
La Ley 4/1994, de 26 de julio, de Salud de la Región de Murcia:
el mapa sanitario regional. El Servicio Murciano de Salud:
órganos de dirección, participación y gestión**

1. ¿Cómo se denomina el órgano de participación de las Áreas de Salud?

a) Consejo de salud de área.
b) Consejo de dirección de área.
c) Comisión de salud del área.
d) Comité de Participación del Área de Salud.

2. La universalización de la atención sanitaria pretendido por la Ley General de Sanidad comprende:

a) La equidad en el acceso a los servicios.
b) La regionalización sanitaria.
c) La descentralización en la gestión de los recursos sanitarios.
d) La cobertura sanitaria de la totalidad de la población.

3. La Ley 14/1986 de 25 de abril, General de Sanidad, se estructura en:

a) Un Título Preliminar, siete Títulos, diez Disposiciones Adicionales, seis Disposiciones Transitorias, dos Disposiciones Derogatorias y dieciséis Disposiciones Finales.
b) Un Título Preliminar, seis Títulos, diez Disposiciones Adicionales, siete Disposiciones Transitorias, dos Disposiciones Derogatorias y dieciséis Disposiciones Finales.
c) Un Título Preliminar, siete Títulos, diez Disposiciones Adicionales, siete Disposiciones Transitorias, tres Disposiciones Derogatorias y dieciséis Disposiciones Finales.
d) Un Título Preliminar, siete Títulos, diez Disposiciones Adicionales, seis Disposiciones Transitorias, tres Disposiciones Derogatorias y dieciséis Disposiciones Finales.

4. Los subsistemas sanitarios autonómicos se integran en:

a) El Sistema Nacional de Salud.
b) El Sistema Interterritorial de Salud.
c) El Centro de Coordinación Sanitaria.
d) Todas las respuestas anteriores son falsas.

5. La Ley 14/1986, de 25 de abril, General de Sanidad, establece que las piezas básicas de los Servicios de Salud de las Comunidades Autónomas son:

a) Las Áreas de Salud.
b) Los Distritos Sanitarios.
c) Las Comarcas Sanitarias.
d) Las Zonas de Salud.

6. La Ley 14/1986, de 25 de abril, General de Sanidad, tiene como objeto la regulación general de todas las acciones que permitan hacer efectivo el derecho a la protección de la salud reconocido en el artículo:

a) 15 de la Constitución Española.
b) 19 de la Constitución Española.
c) 33 de la Constitución Española.
d) 43 de la Constitución Española.

7. Las Áreas de Salud se delimitan teniendo en cuenta factores:

a) Climatológicos y de dotación de vías y medios de comunicación.
b) Geográficos y demográficos.
c) Socioeconómicos y culturales.
d) Todas las respuestas son correctas.

8. Como regla general el área de salud extenderá su acción a una población:

a) No inferior a 100.000 habitantes ni superior a 150.000.
b) No inferior a 200.000 habitantes ni superior a 250.000.
c) No inferior a 250.000 habitantes ni superior a 300.000.
d) No inferior a 300.000 habitantes ni superior a 500.000.

9. ¿Qué Comunidades Autónomas y/o Ciudades Autónomas se exceptúan de la regla que hemos visto en la pregunta anterior, pudiéndose acomodar a sus específicas peculiaridades?

a) Baleares, Ceuta y Melilla.
b) Baleares y Canarias.

c) Canarias, Ceuta y Melilla.
d) Baleares, Canarias, Ceuta y Melilla.

10. Según dispone al artículo 56.5 LGS, cada provincia tendrá, en todo caso y como mínimo:

a) Un área de salud.
b) Dos áreas de salud.
c) Tres áreas de salud.
d) Cuatro áreas de salud.

11. Es objeto de la Ley 4/1994, de 26 de julio, de Salud de la Región de Murcia:

a) La igualdad efectiva y corrección de los desequilibrios territoriales y sociales en las condiciones de acceso a los servicios sanitarios.
b) La regulación de todas las acciones que permitan hacer efectivos el derecho a la protección de la salud.
c) La mejora continuada de la calidad de la asistencia sanitaria.
d) El respeto y el reconocimiento de los derechos de los usuarios.

12. La universalización de la asistencia sanitaria para todos los residentes de derecho o de hecho en la Región de Murcia es:

a) El objeto de la Ley autonómica de Salud.
b) Un ideal inalcanzable.
c) Un principio informador de los servicios sanitarios autonómicos.
d) Un derecho contrario a la Constitución española.

13. ¿Cuántos representantes de la Comunidad Autónoma de Murcia pueden formar parte del Consejo de Administración del Servicio Murciano de Salud?

a) Tres.
b) Hasta cinco.
c) Hasta siete.
d) Hasta ocho.

14. Los Consejos de salud de área estarán constituidos por:

a) Las organizaciones sindicales más representativas, en una proporción no inferior al 50 %, a través de los profesionales sanitarios titulados.
b) La representación de los ciudadanos a través de las Corporaciones Locales comprendidas en su demarcación, que supondrá el 25 % de sus miembros.
c) La Administración sanitaria del área de salud.
d) Todas las respuestas son correctas.

15. El Gerente del área de salud será nombrado y cesado por la dirección del servicio de salud de la Comunidad Autónoma, a propuesta de:

a) El Consejo de dirección del área.
b) El Consejo de salud del área.
c) La Consejería de Sanidad de la Comunidad Autónoma.
d) El Consejo de Gerencia de la zona.

16. ¿A quién corresponde, según dispone el art. 60.3 LGS, presentar los ante-proyectos del Plan de Salud y de sus adaptaciones anuales así como el proyecto de memoria anual del área de salud?

a) Al Consejo de salud del área.
b) Al Consejo de dirección del área.
c) Al Gerente del área de salud.
d) A las Consejerías de Sanidad de las Comunidades Autónomas.

17. Señala cuál de las siguientes es una de las funciones de los Consejos de Salud:

a) Conocer e informar el anteproyecto del Plan de Salud del área y de sus adaptaciones anuales.
b) Conocer e informar la memoria anual del área de salud.
c) Verificar la adecuación de las actuaciones en el área de salud a las normas y directrices de la política sanitaria y económica.
d) Todas las respuestas son correctas.

18. El Plan de Salud es:

a) La expresión de la política de salud a desarrollar por las Administraciones Públicas en Murcia.
b) El documento que integra los presupuestos del Servicio Murciano de Salud.
c) El mapa que contiene las demarcaciones sanitarias de la Región de Murcia.
d) El pliego de derechos y deberes de los usuarios del sistema sanitario murciano.

19. Las demarcaciones territoriales en las que se ordena el mapa sanitario de la Región de Murcia se denominan:

a) Zonas básicas de salud.
b) Áreas de Salud.
c) Comarcas Sanitarias.
d) Distritos Sanitarios.

20. El órgano superior de gobierno del Área de Salud es:

a) El Gerente de Área.
b) El Consejo de Administración.
c) El Consejo de Salud de Área.
d) El Consejo de dirección.

En MADTEST tienes **más preguntas de este tema**, y todos tus avances quedan registrados y se reflejan en el ranking.

¡Supera tus límites con MADTEST!

Solución al test n.º 2

1. a) Consejo de salud de área.

2. d) La cobertura sanitaria de la totalidad de la población.

3. a) Un Título Preliminar, siete Títulos, diez Disposiciones Adicionales, seis Disposiciones Transitorias, dos Disposiciones Derogatorias y dieciséis Disposiciones Finales.

4. a) El Sistema Nacional de Salud.

5. a) Las Áreas de Salud.

6. d) 43 de la Constitución Española.

7. d) Todas las respuestas son correctas.

8. b) No inferior a 200.000 habitantes ni superior a 250.000.

9. d) Baleares, Canarias, Ceuta y Melilla.

10. a) Un área de salud.

11. b) La regulación de todas las acciones que permitan hacer efectivos el derecho a la protección de la salud.

12. c) Un principio informador de los servicios sanitarios autonómicos.

13. d) Hasta ocho.

14. c) La Administración sanitaria del área de salud.

15. a) El Consejo de dirección del área.

16. c) Al Gerente del área de salud.

17. d) Todas las respuestas son correctas.

18. a) La expresión de la política de salud a desarrollar por las Administraciones Públicas en Murcia.

19. b) Área de Salud.

20. d) El Consejo de dirección.

Ley 55/2003, de 16 de diciembre, del Estatuto Marco del personal estatutario de los servicios de salud: derechos y deberes; promoción interna. Régimen disciplinario: faltas y sanciones

1. La Ley 55/2003 del Estatuto Marco de Personal Estatutario de los Servicios de Salud es aplicable:

a) Al personal estatutario de los servicios de salud.
b) Al personal sanitario excluyendo al personal de gestión y servicios.
c) Al personal funcionario de las Comunidades Autónomas.
d) Al personal funcionario del Estado.

2. El personal estatutario con nombramiento expedido para el ejercicio de una profesión o especialidad sanitaria se denomina:

a) Personal sanitario.
b) Otro personal.
c) Personal de mantenimiento.
d) Personal de gestión y servicios.

3. El personal estatutario con nombramiento expedido para el desempeño de funciones de gestión o para el desempeño de profesiones u oficios que no tengan carácter sanitario se denomina:

a) Personal universitario.
b) Personal de gestión y servicios.
c) Personal directivo.
d) Personal administrativo.

4. Según establece el art. 8 de la Ley 55/2003, de 16 de diciembre, del Estatuto Marco de los Servicios de Salud, es personal estatutario fijo:

a) El que, una vez superado el correspondiente proceso selectivo, obtiene un nombramiento para el desempeño, con carácter permanente, de las funciones que de tal nombramiento se deriven.
b) Todo el personal al servicio de los Servicios de Salud.

c) El personal que realice una prestación de servicios determinados de naturaleza temporal, coyuntural o extraordinaria.

d) El personal en posesión de un contrato laboral indefinido.

5. El funcionario sancionado con la separación del servicio no podrá concurrir a las pruebas de selección para la obtención de la condición de personal estatutario fijo, ni prestar servicios como personal estatutario temporal, durante:

a) Los 6 años siguientes.

b) Los 5 años siguientes.

c) Los 10 años siguientes.

d) La separación del servicio es definitiva.

6. La categoría profesional de Celador está comprendida dentro del grupo de:

a) Personal de gestión y servicios.

b) Personal no estatutario.

c) Personal estatutario sanitario.

d) Personal estatutario de formación profesional.

7. Es personal Estatutario Sanitario:

a) El que ejerce una profesión o especialidad sanitaria.

b) El que ostenta esta condición en virtud de nombramiento expedido para el ejercicio de una profesión o especialización sanitaria.

c) El que desempeña una categoría clasificada como sanitaria.

d) Quien ejerza una profesión sanitaria sin ostentar la condición de funcionario.

8. El personal Estatutario de Gestión y Servicio se clasifica en función del título exigido para el ingreso en:

a) Personal de formación universitaria, personal de formación personal y otro personal.

b) Personal universitario, personal de formación profesional y personal subalterno.

c) Personal licenciado universitario, personal de administración y personal auxiliar.

d) Ninguna es correcta.

9. El Estatuto Marco del Personal Estatutario de los Servicios de Salud está regulado por:

a) Una Ley orgánica.

b) Una Ley ordinaria.

c) Un Real Decreto.

d) Un Reglamento.

10. Podrá concurrir a las pruebas selectivas, por el sistema de promoción interna, el personal estatutario fijo que se encuentre en servicio activo y con nombramiento como personal estatutario fijo, en la categoría de procedencia, durante al menos:

a) 2 años.
b) 3 años.
c) 4 años.
d) 5 años.

11. Los procedimientos de selección de personal estatutario temporal se basarán en diferentes principios recogidos en el artículo 33.1 del Estatuto Marco del personal estatutario de los servicios de salud, entre los que no está el principio de:

a) Mérito.
b) Publicidad.
c) Solidaridad.
d) Capacidad.

12. No constituye un derecho individual del personal estatutario:

a) La estabilidad en el empleo.
b) La movilidad voluntaria.
c) El descanso necesario.
d) La negociación colectiva.

13. El régimen de derechos del personal estatutario será aplicable al personal temporal:

a) En la medida en que la naturaleza del derecho lo permita.
b) En todo caso.
c) En ningún caso.
d) Solo cuando así se establezca en su nombramiento.

14. Según el Estatuto Marco, la selección de personal estatutario fijo se efectuará con carácter general a través del sistema de:

a) Oposición.
b) Concurso-oposición.
c) Concurso.
d) Pruebas selectivas.

15. En relación con los derechos y deberes regulados en el Estatuto Marco, no se considera un derecho colectivo:

a) La huelga.
b) La actividad sindical.
c) La reunión.
d) La estabilidad en el empleo.

16. Entre los siguientes derechos que le reconoce el Estatuto Marco al personal estatutario, ¿cuál de ellos no tiene el carácter de derecho individual?

a) La estabilidad en el empleo.
b) El respeto a la dignidad e intimidad personal en el trabajo.
c) La formación continuada adecuada a la función desempeñada.
d) Disponer de servicios de prevención y de órganos representativos en materia de seguridad laboral.

17. El personal estatutario de los servicios de salud tiene el deber de:

a) Participar en la elaboración de los convenios colectivos.
b) Realizar sus funciones fuera del horario y jornada habitual.
c) Realizar actividades sindicales.
d) Respetar la Constitución, el Estatuto de Autonomía correspondiente y el resto del ordenamiento jurídico.

18. Según el Estatuto Marco del Personal Estatutario de los Servicios de Salud, ¿cuál de los siguientes es un derecho colectivo?

a) Derecho a la percepción puntual de las retribuciones e indemnizaciones por razón del servicio en cada caso establecidas.
b) Derecho a la libre sindicación.
c) Derecho a la movilidad voluntaria, promoción interna y desarrollo profesional, en la forma en que prevean las disposiciones en cada caso aplicables.
d) Derecho a la jubilación en los términos y condiciones establecidas en las normas en cada caso aplicables.

19. Son faltas muy graves:

a) La falta de obediencia debida a los superiores.
b) El acoso sexual, cuando el sujeto activo del acoso cree con su conducta un entorno laboral intimidatorio, hostil o humillante para la persona que es objeto del mismo.
c) El incumplimiento del deber de respeto a la Constitución o al respectivo Estatuto de Autonomía en el ejercicio de sus funciones.
d) La aceptación de cualquier tipo de contraprestación por los servicios prestados a los usuarios de los Servicios de Salud.

20. Conforme al artículo 6.2 de la Ley 55/2003, de 16 de diciembre, del Estatuto Marco del personal estatutario de los servicios de salud, atendiendo al nivel académico del título exigido para el ingreso, el personal estatutario sanitario de formación profesional se divide en:

a) Técnicos sanitarios y Auxiliares de Enfermería.

b) Técnicos superiores y Técnicos.

c) Técnicos superiores y Técnicos de gestión.

d) Técnicos especialistas y Técnicos.

En MADTEST tienes **más preguntas de este tema**, y todos tus avances quedan registrados y se reflejan en el ranking.

¡Supera tus límites con MADTEST!

Solución al test n.º 3

1. a) Al personal estatutario de los servicios de salud.

2. a) Personal sanitario.

3. b) Personal de gestión y servicios.

4. a) El que, una vez superado el correspondiente proceso selectivo, obtiene un nombramiento para el desempeño, con carácter permanente, de las funciones que de tal nombramiento se deriven.

5. a) Los 6 años siguientes.

6. a) Personal de gestión y servicios.

7. b) El que ostenta esta condición en virtud de nombramiento expedido para el ejercicio de una profesión o especialización sanitaria.

8. a) Personal de formación universitaria, personal de formación personal y otro personal.

9. b) Una Ley ordinaria.

10. a) 2 años.

11. c) Solidaridad.

12. d) La negociación colectiva.

13. a) En la medida en que la naturaleza del derecho lo permita.

14. b) Concurso-oposición.

15. d) La estabilidad en el empleo.

16. d) Disponer de servicios de prevención y de órganos representativos en materia de seguridad laboral.

17. d) Respetar la Constitución, el Estatuto de Autonomía correspondiente y el resto del ordenamiento jurídico.

18. b) Derecho a la libre sindicación.

19. c) El incumplimiento del deber de respeto a la Constitución o al respectivo Estatuto de Autonomía en el ejercicio de sus funciones.

20. b) Técnicos superiores y Técnicos.

Situaciones administrativas, permisos y licencias en la Ley 55/2003, de 16 de diciembre, del Estatuto Marco del personal estatutario de los servicios de salud, la Ley 5/2001, de 5 de diciembre, de personal estatutario del Servicio Murciano de Salud y el Estatuto Básico del Empleado Público

1. La Ley 5/2001 regula específicamente:

a) El régimen jurídico de todo el personal del Servicio Murciano de Salud.
b) La relación funcionarial del personal sanitario dependiente de la Comunidad Autónoma.
c) El estatuto básico del personal sanitario del Sistema Nacional de Salud.
d) La relación estatutaria especial del personal estatutario como parte de la función pública regional.

2. ¿Cuál de los siguientes colectivos queda expresamente excluido del ámbito de aplicación de la Ley 5/2001?

a) El personal funcionario adscrito al Servicio Murciano de Salud.
b) El personal eventual del Servicio Murciano de Salud.
c) El personal estatutario temporal.
d) El personal estatutario en formación especializada.

3. El principio de inamovilidad en la relación de servicio del personal estatutario se configura principalmente como garantía de:

a) La estabilidad presupuestaria.
b) La profesionalización del acceso al empleo público.
c) La independencia en la prestación de servicios.
d) La carrera profesional horizontal.

4. El principio de libre circulación del personal estatutario fijo está condicionado a:

a) Las necesidades del servicio en cada centro.
b) La autorización del Consejo de Administración.

c) La negociación colectiva autonómica.
d) Los términos establecidos en la normativa básica estatal.

5. La aprobación de medidas que garanticen los servicios mínimos en caso de huelga corresponde a:

a) El Consejo de Gobierno de la Comunidad Autónoma.
b) El Consejo de Administración del Servicio Murciano de Salud.
c) El Director Gerente.
d) La Consejería de Sanidad y Consumo.

6. Según la Ley 5/2001, la competencia para aprobar la oferta de empleo público del personal estatutario corresponde a:

a) El Consejo de Gobierno.
b) El Director Gerente.
c) El Consejo de Administración.
d) La Consejería de Sanidad y Consumo.

7. La aprobación de las plantillas de los distintos centros de trabajo corresponde a:

a) El Consejo de Gobierno.
b) El Director Gerente.
c) El Consejo de Administración.
d) La Consejería de Sanidad.

8. ¿Qué órgano fija anualmente las normas y directrices en materia de régimen retributivo del personal estatutario?

a) El Consejo de Gobierno.
b) El Director Gerente.
c) El Consejo de Administración.
d) La Mesa de Negociación.

9. La jefatura del personal estatutario del Servicio Murciano de Salud corresponde a:

a) El Consejo de Gobierno.
b) El Director Gerente.
c) El Consejo de Administración.
d) El Consejero de Sanidad.

10. En el Registro de Personal del Servicio Murciano de Salud:

a) Pueden constar datos relativos a ideología política si son relevantes.
b) Solo se inscriben los datos económicos del personal.

c) No puede figurar información relativa a raza, religión u opinión.
d) Únicamente se inscriben los actos administrativos firmes.

11. La inclusión de nuevas retribuciones en nómina exige previamente:

a) La autorización de la Mesa de Negociación.
b) Su comunicación al Registro de Personal.
c) La aprobación del Consejo de Administración.
d) La publicación en el BORM.

12. De conformidad con la Ley 5/2001, el periodo máximo de permanencia en la situación de expectativa de destino es de:

a) Seis meses.
b) Un año.
c) Dos años.
d) Tres años.

13. El incumplimiento de las obligaciones inherentes a la excedencia forzosa puede determinar:

a) La apertura automática de expediente disciplinario.
b) El pase a la situación de servicios especiales.
c) La pérdida definitiva de la plaza.
d) El pase a la excedencia voluntaria por interés particular.

14. El personal estatutario fijo permanecerá en servicio activo cuando:

a) Se encuentre en expectativa de destino.
b) Esté disfrutando de vacaciones o permisos.
c) Preste servicios en otra Administración pública.
d) Se halle en excedencia forzosa.

15. Según la Ley 5/2001, el personal estatutario en excedencia forzosa tiene derecho a percibir:

a) Todas las retribuciones básicas y complementarias.
b) Únicamente el complemento de destino.
c) Las retribuciones básicas y el cómputo de trienios.
d) Exclusivamente los trienios reconocidos.

16. La duración mínima de la excedencia voluntaria por interés particular es de:

a) Un año.
b) Dos años.

c) Tres años.
d) Cinco años.

17. Según la Ley 5/2001, la duración máxima de la excedencia por cuidado de cada hijo es de:

a) Un año.
b) Dos años.
c) Tres años.
d) Cuatro años.

18. Según la Ley 5/2001, el número de días hábiles de vacaciones anuales tras cumplir veinte años de servicio es de:

a) 22 días.
b) 23 días.
c) 24 días.
d) 25 días.

19. La jornada ordinaria máxima para el personal estatutario del Servicio Murciano de Salud con dedicación normal es de:

a) 35 horas semanales.
b) 40 horas semanales.
c) 37 horas semanales.
d) 37 horas y media semanales de promedio anual.

20. Según el Estatuto Marco, siempre que la duración de la jornada exceda de seis horas continuadas, deberá establecerse un periodo de descanso durante la misma de al menos:

a) 10 minutos.
b) 15 minutos.
c) 20 minutos.
d) 30 minutos.

En MADTEST tienes **más preguntas de este tema**, y todos tus avances quedan registrados y se reflejan en el ranking.

¡Supera tus límites con MADTEST!

Solución al test n.º 4

1. d) La relación estatutaria especial del personal estatutario como parte de la función pública regional.

2. a) El personal funcionario adscrito al Servicio Murciano de Salud.

3. c) La independencia en la prestación de servicios.

4. d) Los términos establecidos en la normativa básica estatal.

5. a) El Consejo de Gobierno de la Comunidad Autónoma.

6. c) El Consejo de Administración.

7. b) El Director Gerente.

8. a) El Consejo de Gobierno.

9. b) El Director Gerente.

10. c) No puede figurar información relativa a raza, religión u opinión.

11. b) Su comunicación al Registro de Personal.

12. b) Un año.

13. d) El pase a la excedencia voluntaria por interés particular.

14. b) Esté disfrutando de vacaciones o permisos.

15. c) Las retribuciones básicas y el cómputo de trienios.

16. b) Dos años.

17. c) Tres años.

18. c) 24 días.

19. d) 37 horas y media semanales de promedio anual.

20. b) 15 minutos.

TEST N.º 5

Ley 39/2015, de 1 de octubre, del Procedimiento Administrativo Común de las Administraciones Públicas: derecho y obligación de relacionarse electrónicamente con la Administración. Ley 40/2015, de 1 de octubre, de Régimen Jurídico del Sector Público: la sede electrónica; la responsabilidad de las autoridades y personal al servicio de las Administraciones Públicas

1. Cuál de las siguientes leyes regula el derecho y obligación de relacionarse electrónicamente con la Administración:

a) La Ley 3/2007, de 22 de marzo.
b) La Ley 39/2015, de 1 de octubre.
c) La Ley 2/2018, de 5 de diciembre.
d) La Ley 40/2015, de 1 de octubre.

2. Cuál es el plazo para la práctica de las pruebas admitidas y cualesquiera otras que el órgano competente estime oportunas previsto en la Ley de Procedimiento Administrativo Común de las Administraciones Públicas en el procedimiento para la exigencia de la responsabilidad de las autoridades y personal al servicio de las Administraciones Públicas:

a) Diez días.
b) Quince días.
c) Veinte días.
d) Un mes.

3. Qué artículo de la Ley 39/2015, de 1 de octubre, del Procedimiento Administrativo Común de las Administraciones Públicas regula el derecho y obligación de relacionarse electrónicamente con las Administraciones Públicas:

a) El artículo 11.
b) El artículo 13.
c) El artículo 14.
d) El artículo 23.

4. Quiénes de los siguientes están obligados, en todo caso, a relacionarse a través de medios electrónicos con las Administraciones Públicas para la realización de cualquier trámite de un procedimiento administrativo:

a) Las entidades sin personalidad jurídica.

b) Las personas jurídicas.

c) Quienes ejerzan una actividad profesional para la que se requiera colegiación obligatoria, para los trámites y actuaciones que realicen con las Administraciones Públicas en ejercicio de dicha actividad profesional.

d) Todas las respuestas son correctas.

5. Señala la respuesta incorrecta:

a) El medio elegido por la persona para comunicarse con las Administraciones Públicas no podrá ser modificado por aquella una vez lo haya comunicado a la Administración.

b) Están obligados, en todo caso, a relacionarse a través de medios electrónicos con las Administraciones Públicas para la realización de cualquier trámite de un procedimiento administrativo, quienes representen a un interesado que esté obligado a relacionarse electrónicamente con la Administración.

c) Los notarios y registradores de la propiedad y mercantiles estarán obligados a relacionarse a través de medios electrónicos con las Administraciones Públicas para la realización de cualquier trámite de un procedimiento administrativo.

d) Las personas físicas podrán elegir en todo momento si se comunican con las Administraciones Públicas para el ejercicio de sus derechos y obligaciones a través de medios electrónicos o no, salvo que estén obligadas a relacionarse a través de medios electrónicos con las Administraciones Públicas.

6. En qué artículo de la Ley 40/2015, de 1 de octubre, de Régimen Jurídico del Sector Público se regula la sede electrónica:

a) En el artículo 27.

b) En el artículo 33.

c) En el artículo 38.

d) En el artículo 43.

7. Cada Administración Pública determinará las condiciones e instrumentos de creación de las sedes electrónicas, con sujeción a los principios de:

a) Transparencia, publicidad, responsabilidad, calidad, seguridad, disponibilidad, accesibilidad, neutralidad e interoperabilidad.

b) Transparencia, igualdad, responsabilidad, calidad, seguridad, disponibilidad, accesibilidad, neutralidad e interoperabilidad.

c) Transparencia, igualdad, responsabilidad, eficacia, calidad, seguridad, disponibilidad, accesibilidad, neutralidad e interoperabilidad.

d) Transparencia, igualdad, responsabilidad, eficiencia, calidad, seguridad, disponibilidad, accesibilidad, neutralidad e interoperabilidad.

8. Cómo denomina la Ley 40/2015, de 1 de octubre a aquella dirección electrónica, disponible para los ciudadanos a través de redes de telecomunicaciones, cuya titularidad corresponde a una Administración Pública, o bien a una o varios organismos públicos o entidades de Derecho Público en el ejercicio de sus competencias:

a) Portal electrónico.
b) Portal web.
c) Sede virtual.
d) Sede electrónica.

9. Cuál es el plazo para la formulación de la propuesta de resolución previsto en la Ley de Procedimiento Administrativo Común de las Administraciones Públicas en el procedimiento para la exigencia de la responsabilidad de las autoridades y personal al servicio de las Administraciones Públicas:

a) Cinco días a contar desde la finalización del trámite de audiencia.
b) Siete días a contar desde la finalización del trámite de audiencia.
c) Diez días a contar desde la finalización del trámite de audiencia.
d) Quince días a contar desde la finalización del trámite de audiencia.

10. En qué ley se regula la responsabilidad patrimonial de las Administraciones Públicas:

a) En la Ley 39/2015, de 1 de octubre.
b) En la Ley 11/2007, de 22 de junio.
c) En la Ley 40/2015, de 1 de octubre.
d) En la Ley 3/2007, de 22 de marzo.

11. La Administración correspondiente, cuando hubiere indemnizado a los lesionados, exigirá de oficio en vía administrativa de sus autoridades y demás personal a su servicio la responsabilidad en que hubieran incurrido por dolo, o culpa o negligencia graves, previa instrucción del correspondiente procedimiento. Señala cuál de los siguientes no es uno de los criterios que se ponderarán para exigir dicha responsabilidad y, en su caso, para su cuantificación:

a) El grado de culpabilidad.
b) El historial profesional del empleado público que ocasionó el perjuicio al administrado.
c) La responsabilidad profesional del personal al servicio de las Administraciones públicas.
d) El resultado dañoso producido.

12. Cuándo instruirá la Administración procedimiento a las autoridades y demás personal a su servicio por los daños y perjuicios causados en sus bienes o derechos:

a) Cuando hubiera concurrido negligencia grave.
b) Cuando hubiera concurrido dolo.
c) Cuando hubiera concurrido culpa.
d) Todas las respuestas son correctas.

13. Cuál es el plazo de alegaciones previsto en la Ley de Procedimiento Administrativo Común de las Administraciones Públicas en el procedimiento para la exigencia de la responsabilidad de las autoridades y personal al servicio de las Administraciones Públicas:

a) Diez días.
b) Quince días.
c) Veinte días.
d) Un mes.

14. Cuál fue la primera norma legal que estableció el derecho de los ciudadanos a relacionarse electrónicamente con las Administraciones Públicas, así como la obligación de éstas de dotarse de los medios y sistemas necesarios para que ese derecho pudiera ejercerse:

a) La Ley 11/2007, de 22 de junio.
b) La Ley 30/1992, de 26 de noviembre.
c) La Ley 40/2015, de 1 de octubre.
d) La Ley 39/2015, de 1 de octubre.

15. Cuál es el plazo de audiencia previsto en la Ley de Procedimiento Administrativo Común de las Administraciones Públicas en el procedimiento para la exigencia de la responsabilidad de las autoridades y personal al servicio de las Administraciones Públicas:

a) Diez días.
b) Quince días.
c) Veinte días.
d) Un mes.

16. Qué conlleva para su titular el establecimiento de una sede electrónica:

a) La actualización de la información y los servicios a los que pueda accederse a través de la misma.
b) La veracidad de la información y los servicios a los que pueda accederse a través de la misma.
c) La integridad de la información y los servicios a los que pueda accederse a través de la misma.
d) Todas las respuestas son correctas.

17. Señala la respuesta incorrecta:

a) En todo caso, la exigencia de responsabilidad penal del personal al servicio de las Administraciones Públicas suspenderá los procedimientos de reconocimiento de responsabilidad patrimonial que se instruyan.
b) La resolución declaratoria de responsabilidad pone fin a la vía administrativa.

c) La Administración correspondiente, cuando hubiere indemnizado a los lesionados, exigirá de oficio en vía administrativa de sus autoridades y demás personal a su servicio la responsabilidad en que hubieran incurrido por dolo, o culpa o negligencia graves, previa instrucción del correspondiente procedimiento.

d) La responsabilidad penal del personal al servicio de las Administraciones Públicas, así como la responsabilidad civil derivada del delito se exigirá de acuerdo con lo previsto en la legislación correspondiente.

18. Cuál es el plazo de resolución por el órgano competente previsto en la Ley de Procedimiento Administrativo Común de las Administraciones Públicas en el procedimiento para la exigencia de la responsabilidad de las autoridades y personal al servicio de las Administraciones Públicas:

a) Cinco días.
b) Diez días.
c) Quince días.
d) Veinte días.

19. En qué capítulo y sección de la Ley 40/2015, de 1 de octubre, de Régimen Jurídico del Sector Público, se regula la responsabilidad patrimonial de las Administraciones Públicas:

a) En la Sección 1ª del Capítulo IV.
b) En la Sección 2ª del Capítulo IV.
c) En la Sección 2ª del Capítulo V.
d) En la Sección 3ª del Capítulo V.

20. Quién determinará las condiciones e instrumentos de creación de las sedes electrónicas, con sujeción a los principios de transparencia, publicidad, responsabilidad, calidad, seguridad, disponibilidad, accesibilidad, neutralidad e interoperabilidad:

a) El Ministerio de Asuntos Económicos y Transformación Digital.
b) La Secretaría de Estado de Digitalización e Inteligencia Artificial.
c) Cada Administración Pública.
d) La Entidad Pública Empresarial Red.es

En MADTEST tienes **más preguntas de este tema**, y todos tus avances quedan registrados y se reflejan en el ranking.

¡Supera tus límites con MADTEST!

Solución al test n.º 5

1. b) La Ley 39/2015, de 1 de octubre.

2. b) Quince días.

3. c) El artículo 14.

4. d) Todas las respuestas son correctas.

5. a) El medio elegido por la persona para comunicarse con las Administraciones Públicas no podrá ser modificado por aquella una vez lo haya comunicado a la Administración.

6. c) En el artículo 38.

7. a) Transparencia, publicidad, responsabilidad, calidad, seguridad, disponibilidad, accesibilidad, neutralidad e interoperabilidad.

8. d) Sede electrónica.

9. a) Cinco días a contar desde la finalización del trámite de audiencia.

10. c) En la Ley 40/2015, de 1 de octubre.

11. c) La responsabilidad profesional del personal al servicio de las Administraciones públicas.

12. d) Todas las respuestas son correctas.

13. b) Quince días.

14. a) La Ley 11/2007, de 22 de junio.

15. a) Diez días.

16. d) Todas las respuestas son correctas.

17. a) En todo caso, la exigencia de responsabilidad penal del personal al servicio de las Administraciones Públicas suspenderá los procedimientos de reconocimiento de responsabilidad patrimonial que se instruyan.

18. a) Cinco días.

19. b) En la Sección 2ª del Capítulo IV.

20. c) Cada Administración Pública.

TEST N.º 6

Ley 31/1995, de 8 de noviembre, de Prevención de Riesgos Laborales: objeto y definiciones; derecho a la protección frente a los riesgos laborales; principios de la acción preventiva; equipos de trabajo y medios de protección; formación de los trabajadores; servicios de prevención: concepto y funciones. Conceptos básicos sobre riesgos laborales: definición de Seguridad en el Trabajo, Higiene Industrial, Ergonomía y Psicosociología. Normas generales de actuación en caso de incendio y evacuación. Tipos y manejo de extintores

1. ¿Qué se entiende por "riesgo laboral"?

a) La posibilidad de que un trabajador sufra un determinado daño derivado del trabajo.
b) La posibilidad de que un trabajador sufra una enfermedad en el trabajo.
c) La posibilidad de que un trabajador sufra acoso.
d) El riesgo que supone el ir a trabajar.

2. Indica cuál es la definición de prevención:

a) La probabilidad racional de que un riesgo se materialice de forma inminente.
b) El estudio de los procesos potencialmente peligrosos para el trabajo.
c) Conjunto de actividades o medidas adoptadas o previstas en todas las fases de actividad de la empresa con el fin de evitar o disminuir los riesgos derivados del trabajo.
d) Posibilidad de que un trabajador sufra un determinado daño derivado del trabajo.

3. Según establece el art. 4 de la Ley 31/1995, de 8 de noviembre, de Prevención de Riesgos Laborales, se define como daños derivados del trabajo.

a) La posibilidad de que un trabajador sufra un determinado daño derivado del trabajo.
b) El que resulte probable racionalmente que se materialice en un futuro inmediato y pueda suponer y pueda suponer un daño grave para la salud de los trabajadores.
c) Las enfermedades, patologías o lesiones sufridas con motivo u ocasión del trabajo.
d) Cualquier máquina, aparato, instrumento o instalación utilizada en el trabajo.

4. Se considera como "condición de trabajo":

a) Cualquier característica del trabajo que pueda tener una influencia significativa en la generación de riesgos para la seguridad y la salud del trabajador, quedando excluidas las características generales de los locales e instalaciones, existentes en el centro de trabajo.

b) La naturaleza de los agentes físicos, químicos y biológicos presentes en el ambiente de trabajo y sus correspondientes intensidades, concentraciones o niveles de presencia además de las instalaciones, incluidas las características organizativas del trabajo.

c) Todas aquellas características del trabajo, excluidas las relativas a su organización y ordenación, que influyan en la magnitud de los riesgos a que esté expuesto el trabajador.

d) Todas son correctas.

5. Para calificar un riesgo desde el punto de vista de su gravedad, se valorarán conjuntamente la severidad del daño y:

a) La probabilidad de que se produzca.

b) La cantidad de trabajadores de la empresa.

c) La existencia o no de equipos individuales de protección.

d) Las condiciones de trabajo.

6. Según recoge el artículo 4 de la Ley 31/1995, quedan específicamente incluidas en la definición de condición de trabajo:

a) Las características particulares de los locales, instalaciones, equipos, productos y demás útiles existentes en el centro de trabajo.

b) La naturaleza de los agentes físicos, químicos y biológicos presentes en el ambiente de trabajo y sus correspondientes intensidades, concentraciones o niveles de presencia.

c) Los procedimientos para la utilización de los agentes citados anteriormente que no influyan en la generación de los riesgos mencionados.

d) Todas aquellas otras características del trabajo, excluidas las relativas a su organización y ordenación, que influyan en la magnitud de los riesgos a que esté expuesto el trabajador.

7. El derecho básico reconocido a los trabajadores por la Ley 31/1995, de 8 de noviembre, es:

a) La vigilancia de su estado de salud.

b) Una protección eficaz en materia de seguridad y salud en el trabajo.

c) La formación en materia preventiva.

d) La información, consulta y participación de los trabajadores.

8. Entre los principios de la acción preventiva recogidos por el artículo 15 de la Ley de Prevención de Riesgos Laborales, no figura:

a) Evitar los riesgos.

b) Evaluar los riesgos que se puedan evitar.

c) Tener en cuenta la evolución de la técnica.
d) Dar las debidas instrucciones a los trabajadores.

9. La prevención de riesgos laborales deberá integrarse en el sistema general de gestión de la empresa a través de:

a) La política preventiva.
b) El plan de prevención.
c) El consenso de las partes.
d) El poder de decisión del empresario.

10. Podrán realizar el plan de prevención de riesgos laborales, la evaluación de riesgos y la planificación de la actividad preventiva de forma simplificada, en atención a la naturaleza y peligrosidad de las actividades realizadas, empresas cuyo número de trabajadores no exceda de:

a) 30.
b) 50.
c) 80.
d) 100.

11. En relación con la vigilancia de la salud que ha de garantizar el empresario, el acceso a la información médica de carácter personal:

a) Se limitará al empresario y a los Servicios de Prevención propios.
b) Se limitará al Jefe inmediato del trabajador.
c) Sólo será accesible al propio trabajador.
d) Se limitará al personal médico y a las autoridades sanitarias que lleven a cabo la vigilancia.

12. En relación con la vigilancia de la salud, no es cierto que:

a) El derecho a la vigilancia periódica del estado de salud puede prolongarse más allá de la finalización de la relación laboral.
b) Las medidas de vigilancia y control se llevarán a cabo por personal sanitario.
c) Los resultados de la vigilancia de la salud serán comunicados a los representantes de los trabajadores.
d) Se deberá optar por la realización de aquellos reconocimientos o pruebas que causen las menores molestias al trabajador.

13. El posible cambio de puesto de trabajo con riesgo para una trabajadora embarazada:

a) Deberá realizarse en caso de imposibilidad de adaptación del propio puesto.
b) Se hará previo informe en tal sentido del Servicio de Prevención.

c) Se determinará por el empresario, y dará información a los representantes de los trabajadores.

d) Se extenderá al período de lactancia.

14. ¿Cuándo se deben utilizar los equipos de protección individual?

a) Siempre.

b) Cuando los riesgos no hayan sido evaluados.

c) Cuando los riesgos no se puedan evitar o no puedan limitarse.

d) Cuando el trabajador lo estime oportuno.

15. Según el artículo 19 de la Ley de Prevención de Riesgos Laborales, la formación teórica y práctica en materia preventiva deberá:

a) Impartirse en horario dentro de la jornada de trabajo.

b) Impartirse por igual en jornada de trabajo y fuera del horario de trabajo.

c) Impartirse, siempre que sea posible, dentro de la jornada de trabajo o, en su defecto, en otras horas, pero con el descuento en aquella del tiempo invertido en la misma.

d) La formación teórica siempre debe ser en horario dentro de la jornada de trabajo y la formación práctica puede impartirse tanto dentro como fuera de la jornada de trabajo.

16. Las trabajadoras embarazadas, ¿tienen derecho a ausentarse del trabajo para la realización de exámenes prenatales y técnicas de preparación al parto?

a) Sí, con derecho a remuneración, previo aviso al empresario y justificación de la necesidad de su realización dentro de la jornada de trabajo.

b) Sí, con derecho a remuneración, sin necesidad de avisar al empresario ni justificar la necesidad de su realización dentro de la jornada de trabajo.

c) Sí, sin derecho a remuneración, previo aviso al empresario y justificación de la necesidad de su realización dentro de la jornada de trabajo.

d) No, en ningún caso.

17. El empresario deberá constituir un servicio de prevención propio siempre que se trate de empresas que cuenten con:

a) Más de 500 trabajadores.

b) Menos de 250 trabajadores.

c) Más de 250 trabajadores.

d) Más de 250 y menos de 500 trabajadores.

18. Según la Ley de Prevención de Riesgos Laborales, es obligación de los trabajadores en materia de prevención de riesgos:

a) La protección eficaz en materia de seguridad y salud en el trabajo.

b) Utilizar correctamente los medios y equipos de protección facilitados por el empresario, de acuerdo con las instrucciones recibidas de éste.

c) Soportar el coste de las medidas relativas a la seguridad y la salud en el trabajo.

d) Desarrollar una acción permanente de seguimiento de la actividad preventiva.

19. Cuando los trabajadores estén expuestos a un riesgo grave e inminente con ocasión de su trabajo, y el empresario no adopte o no permita la adopción de las medidas necesarias para garantizar la seguridad y la salud de los trabajadores, la Ley 31/1995, de 8 de noviembre, de Prevención de Riesgos Laborales prevé que:

a) Los trabajadores afectados podrán paralizar la actividad.

b) El órgano de representación del personal instará formalmente al empresario a la adopción de las medidas necesarias.

c) Los Delegados de Prevención lo comunicarán a la autoridad laboral, que adoptará las medidas necesarias.

d) El órgano de representación de personal podrá acordar la paralización de la actividad.

20. El art. 21 de la LPRL establece los requisitos y el procedimiento para que los representantes legales de los trabajadores acuerden la paralización de la actividad de los trabajadores que están o puedan estar expuestos a un riesgo grave e inminente si el empresario no adopta las medidas necesarias para garantizar la seguridad y salud de los trabajadores. La medida será adoptada por:

a) Acuerdo por mayoría absoluta de sus miembros. Tal acuerdo será comunicado de inmediato a la empresa y a la autoridad laboral, la cual, en el plazo de 48 horas, anulará o ratificará la paralización acordada.

b) Acuerdo por mayoría de 2/3 de sus miembros. Tal acuerdo será comunicado de inmediato a la empresa y a la autoridad laboral, la cual, en el plazo de 24 horas, anulará o ratificará la paralización acordada.

c) Acuerdo por mayoría de sus miembros. Tal acuerdo será comunicado de inmediato a la empresa y a la autoridad laboral, la cual, en el plazo de 48 horas, anulará o ratificará la paralización acordada.

d) Acuerdo por mayoría de sus miembros. Tal acuerdo será comunicado de inmediato a la empresa y a la autoridad laboral, la cual, en el plazo de 24 horas, anulará o ratificará la paralización acordada.

En MADTEST tienes **más preguntas de este tema,** y todos tus avances quedan registrados y se reflejan en el ranking.

¡Supera tus límites con MADTEST!

Solución al test n.º 6

1. a) La posibilidad de que un trabajador sufra un determinado daño derivado del trabajo.

2. c) Conjunto de actividades o medidas adoptadas o previstas en todas las fases de actividad de la empresa con el fin de evitar o disminuir los riesgos derivados del trabajo.

3. c) Las enfermedades, patologías o lesiones sufridas con motivo u ocasión del trabajo.

4. b) La naturaleza de los agentes físicos, químicos y biológicos presentes en el ambiente de trabajo y sus correspondientes intensidades, concentraciones o niveles de presencia además de las instalaciones, incluidas las características organizativas del trabajo.

5. a) La probabilidad de que se produzca.

6. b) La naturaleza de los agentes físicos, químicos y biológicos presentes en el ambiente de trabajo y sus correspondientes intensidades, concentraciones o niveles de presencia.

7. b) Una protección eficaz en materia de seguridad y salud en el trabajo.

8. b) Evaluar los riesgos que se puedan evitar.

9. b) El plan de prevención.

10. b) 50.

11. d) Se limitará al personal médico y a las autoridades sanitarias que lleven a cabo la vigilancia.

12. c) Los resultados de la vigilancia de la salud serán comunicados a los representantes de los trabajadores.

13. a) Deberá realizarse en caso de imposibilidad de adaptación del propio puesto.

14. c) Cuando los riesgos no se puedan evitar o no puedan limitarse.

15. c) Impartirse, siempre que sea posible, dentro de la jornada de trabajo o, en su defecto, en otras horas, pero con el descuento en aquella del tiempo invertido en la misma.

16. a) Sí, con derecho a remuneración, previo aviso al empresario y justificación de la necesidad de su realización dentro de la jornada de trabajo.

17. a) Más de 500 trabajadores.

18. b) Utilizar correctamente los medios y equipos de protección facilitados por el empresario, de acuerdo con las instrucciones recibidas de éste.

19. d) El órgano de representación de personal podrá acordar la paralización de la actividad.

20. d) Acuerdo por mayoría de sus miembros. Tal acuerdo será comunicado de inmediato a la empresa y a la autoridad laboral, la cual, en el plazo de 24 horas, anulará o ratificará la paralización acordada.

TEST N.º 7

El principio de igualdad y la tutela contra la discriminación en la Ley Orgánica 3/2007, de 22 de marzo. Planes de igualdad: concepto y contenido. El acoso por razón de sexo en el trabajo en la Ley 7/2007, de 4 de abril

1. Según su artículo 1, la LO 3/2007 tiene por objeto hacer efectivo el derecho de:

a) Conciliación de la vida laboral y familiar de mujeres y hombres.
b) Igualdad de trato y de oportunidades entre mujeres y hombres.
c) Participación en los asuntos públicos en igualdad de condiciones.
d) No discriminación por razón de sexo.

2. Las obligaciones establecidas en la LO 3/2007 son de aplicación a:

a) A toda persona, física o jurídica, que se encuentre o actúe en territorio español, cualquiera que fuese su nacionalidad, domicilio o residencia.
b) A todos los ciudadanos españoles, ya sea en territorio español o territorio de cualquier país extranjero.
c) A toda persona, física o jurídica, que se encuentre o actúe en territorio español, con nacionalidad española.
d) A toda persona, física o jurídica, que resida en territorio español, cualquiera que fuese su nacionalidad.

3. Según el artículo 4 de la LO 3/2007, la igualdad de trato y de oportunidades entre mujeres y hombres:

a) Es un deber de las Administraciones Públicas.
b) Es una fuente formal del Derecho.
c) Es un principio informador del ordenamiento jurídico.
d) Es un objetivo fundamental del procedimiento administrativo.

4. El principio de igualdad de trato y de oportunidades entre mujeres y hombres:

a) Sólo se aplica en el ámbito del empleo público.
b) Se garantizará incluso en el acceso al trabajo por cuenta propia.

c) No se aplica en la afiliación y participación en organizaciones sindicales o empresariales.

d) Se garantizará en los términos que prevean los convenios colectivos.

5. La situación en que se encuentra una persona que sea, haya sido o pudiera ser tratada, en atención a su sexo, de manera menos favorable que otra en situación comparable, se considera:

a) Discriminación directa.

b) Acoso sexual.

c) Discriminación indirecta.

d) Violencia de género.

6. Una diferencia de trato basada en una característica relacionada con el sexo ¿constituye discriminación en el acceso al empleo?

a) Sí, en todo caso.

b) No, siempre que la formación necesaria se base en dicha característica.

c) No, siempre que dicha característica constituya un requisito profesional esencial y determinante.

d) No, si debido a la naturaleza de las actividades profesionales concretas o al contexto en el que se lleven a cabo, dicha característica constituya un requisito profesional esencial y determinante, siempre y cuando el objetivo sea legítimo y el requisito proporcionado.

7. En virtud del artículo 6.2 de la LO 3/2007, la situación en que una disposición, criterio o práctica aparentemente neutros pone a personas de un sexo en desventaja particular con respecto a personas del otro:

a) En cualquier caso constituirá discriminación directa.

b) En cualquier caso constituirá discriminación indirecta.

c) No se considera discriminación indirecta si dicha disposición, criterio o práctica pueden justificarse objetivamente en atención a una finalidad legítima y los medios para alcanzar dicha finalidad son necesarios y adecuados.

d) En ningún caso podrá considerarse discriminación.

8. Conforme al artículo 6.3 de la LO 3/2007, toda orden de discriminar por razón de sexo:

a) Sólo se considera discriminatoria si se ordena discriminar directamente.

b) En ningún caso se puede considerar discriminatoria.

c) Sólo se considera discriminatoria si ordena una discriminación indirecta.

d) En cualquier caso se considera discriminatoria, sea directa o indirecta.

9. A los efectos de la LO 3/2007, definimos como acoso sexual:

a) Cualquier comportamiento realizado en función del sexo de una persona, con el propósito o el efecto de atentar contra su dignidad y de crear un entorno intimidatorio, degradante u ofensivo.

b) La situación en que una disposición, criterio o práctica aparentemente neutros pone a personas de un sexo en desventaja particular con respecto a personas del otro, salvo que dicha disposición, criterio o práctica puedan justificarse objetivamente en atención a una finalidad legítima y que los medios para alcanzar dicha finalidad sean necesarios y adecuados.

c) Todo trato desfavorable a las mujeres relacionado con el embarazo o la maternidad.

d) Cualquier comportamiento, verbal o físico, de naturaleza sexual que tenga el propósito o produzca el efecto de atentar contra la dignidad de una persona, en particular cuando se crea un entorno intimidatorio, degradante u ofensivo.

10. Según el artículo 8 de la LO 3/2007, todo trato desfavorable a las mujeres relacionado con el embarazo o la maternidad constituye:

a) Acoso sexual.
b) Acoso por razón de sexo.
c) Discriminación directa por razón de sexo.
d) Discriminación indirecta por razón de sexo.

11. Cualquier comportamiento realizado en función del sexo de una persona, con el propósito o el efecto de atentar contra su dignidad y de crear un entorno intimidatorio, degradante u ofensivo, constituye:

a) Discriminación directa.
b) Acoso sexual.
c) Acoso por razón de sexo.
d) Discriminación indirecta.

12. Conforme al artículo 7.4 de la LO 3/2007, el condicionamiento de un derecho o de una expectativa de derecho a la aceptación de una situación constitutiva de acoso sexual o de acoso por razón de sexo se considerará:

a) Acto de discriminación por razón de sexo.
b) Creación de un entorno intimidatorio, degradante u ofensivo.
c) Anulable y sin efecto.
d) Indemnizable.

13. La capacidad y la legitimación para intervenir en los procesos civiles, sociales y contencioso-administrativos que versen sobre la defensa del derecho de igualdad entre mujeres y hombres, corresponden a:

a) La persona acosada, únicamente.
b) Cualquier ciudadano.
c) Las personas físicas y jurídicas con interés legítimo.
d) Cualquier persona jurídica.

14. La persona acosada será la única legitimada en los litigios:

a) Sobre discriminación directa.
b) Sobre acoso sexual y acoso por razón de sexo.
c) Sobre acoso sexual únicamente.
d) Únicamente sobre acoso por razón de sexo.

15. Un criterio general de actuación de los Poderes Públicos, según el artículo 14 de la LO 3/2007, es el establecimiento de medidas que aseguren la .... del trabajo y de la vida personal y familiar de las mujeres y los hombres, así como el fomento de la .... en las labores domésticas y en la atención a la familia. Qué dos palabras completan acertadamente la frase anterior:

a) Conciliación y corresponsabilidad.
b) Estabilidad y cooperación.
c) Corresponsabilidad y cooperación.
d) Estabilidad y conciliación.

16. Con el fin de hacer efectivo el derecho constitucional de la igualdad, los Poderes Públicos adoptarán medidas específicas en favor de las mujeres para corregir situaciones patentes de desigualdad de hecho respecto de los hombres. Tales medidas, que serán aplicables en tanto subsistan dichas situaciones, habrán de ser en relación con el objetivo perseguido en cada caso razonables y:

a) Justificadas.
b) Autorizadas judicialmente.
c) Transparentes.
d) Proporcionadas.

17. Conforme al artículo 12 de la LO 3/2007, cualquier persona podrá recabar de los tribunales la tutela del derecho a la igualdad entre mujeres y hombres, de acuerdo con lo establecido en el artículo 53.2 de la Constitución:

a) Siempre que la relación en la que supuestamente se produce la discriminación se encuentre vigente.
b) Incluso tras la terminación de la relación en la que supuestamente se ha producido la discriminación.
c) Siempre que se haya dado por terminada la relación en la que supuestamente se produce la discriminación.
d) A menos que se haya procedido a la suspensión de la relación en la que supuestamente se produce la discriminación.

18. En virtud del artículo 9 de la LO 3/2007, cualquier trato adverso o efecto negativo que se produzca en una persona como consecuencia de la presentación por su parte de queja, reclamación, denuncia, demanda o recurso, de cualquier tipo, destinados a impedir su discriminación y a exigir el cumplimiento efectivo del principio de igualdad de trato entre mujeres y hombres, se considerará:

a) Discriminación directa.
b) Discriminación por razón de sexo.
c) Injustificado.
d) Acoso sexual.

19. Para prevenir la realización de conductas discriminatorias en los actos y las cláusulas de los negocios jurídicos, el artículo 10 de la LO 3/2007 prevé la existencia de un sistema de sanciones eficaz y:

a) Proporcionado.
b) Comprensible.
c) Cuantificable.
d) Disuasorio.

20. Según el artículo 10 de la LO 3/2007, los actos y las cláusulas de los negocios jurídicos que constituyan o causen discriminación por razón de sexo se considerarán:

a) Válidos, pero anulables.
b) Nulos y sin efecto.
c) Ilegales.
d) Nulos, pero con efectos.

En MADTEST tienes **más preguntas de este tema**, y todos tus avances quedan registrados y se reflejan en el ranking.

¡Supera tus límites con MADTEST!

Solución al test n.º 7

1. b) Igualdad de trato y de oportunidades entre mujeres y hombres.

2. a) A toda persona, física o jurídica, que se encuentre o actúe en territorio español, cualquiera que fuese su nacionalidad, domicilio o residencia.

3. c) Es un principio informador del ordenamiento jurídico.

4. b) Se garantizará incluso en el acceso al trabajo por cuenta propia.

5. a) Discriminación directa.

6. d) No, si debido a la naturaleza de las actividades profesionales concretas o al contexto en el que se lleven a cabo, dicha característica constituya un requisito profesional esencial y determinante, siempre y cuando el objetivo sea legítimo y el requisito proporcionado.

7. c) No se considera discriminación indirecta si dicha disposición, criterio o práctica pueden justificarse objetivamente en atención a una finalidad legítima y los medios para alcanzar dicha finalidad son necesarios y adecuados.

8. d) En cualquier caso se considera discriminatoria, sea directa o indirecta.

9. d) Cualquier comportamiento, verbal o físico, de naturaleza sexual que tenga el propósito o produzca el efecto de atentar contra la dignidad de una persona, en particular cuando se crea un entorno intimidatorio, degradante u ofensivo.

10. c) Discriminación directa por razón de sexo.

11. c) Acoso por razón de sexo.

12. a) Acto de discriminación por razón de sexo.

13. c) Las personas físicas y jurídicas con interés legítimo.

14. b) Sobre acoso sexual y acoso por razón de sexo.

15. a) Conciliación y corresponsabilidad.

16. d) Proporcionadas.

17. b) Incluso tras la terminación de la relación en la que supuestamente se ha producido la discriminación.

18. b) Discriminación por razón de sexo.

19. d) Disuasorio.

20. b) Nulos y sin efecto.

TEST
PARTE ESPECÍFICA

TEST N.º 1

El espacio físico de una lavandería hospitalaria: consideración de los factores que influyen; organización espacial y funcional. Áreas sucias y limpias. Barreras de contaminación

1. ¿Cuál es la finalidad de una lavandería?

a) Procesar la ropa sucia y contaminada convirtiéndola en ropa limpia que ayuda a la comodidad y cuidado del paciente.
b) Mejorar las cualidades iniciales de una prenda.
c) Eliminar la suciedad soluble.
d) Hacer que la ropa sea más cómoda gracias al desgaste del tejido durante el lavado.

2. ¿Qué característica tendrán las superficies donde se deposite la ropa en una lavandería?

a) Deslizantes.
b) No lavables.
c) No tendrán aberturas ni huecos donde puedan acumular suciedad.
d) Todas las respuestas son correctas.

3. ¿Qué funciones tiene el servicio de lavandería y planchado?

a) Reparación y/o reposición de los tejidos deteriorados.
b) Control de los tratamientos de la ropa sucia.
c) Control del tratamiento de la ropa limpia.
d) Todas las respuestas son correctas.

4. ¿En qué momento se realiza la fase de centrifugado?

a) Al inicio del lavado.
b) Durante el lavado, entre distintas fases.
c) Al final del proceso.
d) Antes del empaquetado.

5. ¿Cómo se elimina el agua acumulada durante el lavado, en un tejido de rizo?

a) Mediante secado.
b) Planchando.
c) Manteniendo las prendas de estas características juntas durante un tiempo hasta que se hayan escurrido.
d) Cualquiera de estos procesos es válido.

6. ¿En qué área de la lavandería se realiza el marcaje de las prendas?

a) Área de lavado.
b) Área de planchado.
c) Área de costura.
d) Área de empaquetado.

7. ¿Qué importancia tiene que la bolsa donde se empaquete la ropa limpia sea transparente?

a) Permite ver el contenido.
b) Aísla mejor de la luz.
c) Da sensación de mayor limpieza.
d) No tiene ninguna importancia si va o no empaquetada.

8. ¿Qué separa la barrera sanitaria?

a) La zona de distribución del resto de la lavandería.
b) La zona de entrada de ropa sucia del resto de la lavandería.
c) La zona sucia de la zona limpia.
d) La zona autorizada para personal de la zona pública.

9. ¿Cómo se mueve la ropa sucia que llega a una lavandería?

a) Por vagonetas.
b) Por cintas transportadoras.
c) Por rieles.
d) Todas las respuestas son correctas.

10. ¿Qué peso de ropa se recomienda en cada lavado?

a) La capacidad máxima de la lavadora.
b) La capacidad mínima de la máquina.
c) Un peso inferior a la capacidad máxima de la máquina.
d) Siempre 10 kg.

11. ¿Qué afirmación no es correcta?

a) La lavadora se carga por la zona sucia.
b) La lavadora se descarga por la zona limpia.
c) La lavadora desagua por la zona limpia.
d) Las respuestas a) y b) son correctas.

12. ¿Qué función tiene crear presión de aire negativa en la zona sucia?

a) La circulación de aire será desde la zona limpia hacia la zona sucia.
b) La circulación de aire será desde la zona sucia hacia la zona limpia.
c) Evitar el exceso de calor acumulado por los equipos.
d) Actuar como vehículo de transmisión de infecciones.

13. ¿En qué momento se deslía la ropa?

a) Al salir de la calandra.
b) Al salir del túnel de secado.
c) Al salir del túnel de lavado.
d) Antes de su distribución.

14. Indica la respuesta correcta:

a) En el túnel de secado se eliminan totalmente la humedad mediante aire caliente.
b) Se utiliza para ropa de forma.
c) Se eliminan las arrugas, y en muchos casos ya no es necesario planchar.
d) Todas las respuestas son correctas.

15. ¿En qué se basa el planchado de la ropa?

a) Calor.
b) Presión.
c) Frotación.
d) Las respuestas a) y b) son correctas.

16. ¿Qué se hace con las prendas que han sido repasadas?

a) Se empaquetan.
b) Se planchan.
c) Se lavan.
d) Se desechan.

17. ¿Qué ocurre cuando el peso de ropa por lavado es mayor que el recomendado?

a) La ropa queda más apretada, dificultando que los productos puedan penetrar en los tejidos. Este problema no se va a resolver aumentando la dosis de detergente.
b) Las prendas no quedan limpias, y pueden permanecer restos de suciedad en algunas zonas.

c) Las máquinas trabajan más forzadas, y el sistema se puede dañar causando una avería.

d) Todas las respuestas son correctas.

18. ¿Qué prendas contiene un lote de ropa?

a) Prendas con características similares, que puedan ser sometidas al mismo programa de lavado.

b) Un juego completo para un paciente.

c) Las necesidades de una planta para un día.

d) Ninguna respuesta es correcta.

19. ¿Cuál de las siguientes no es función del área de secado y planchado?

a) Planchado en calandra.

b) Clasificación de ropa limpia.

c) Carga de lavadoras.

d) Carga de secadoras.

20. ¿Qué tipo de gestión tiene una lavandería centralizada?

a) Propia.

b) Ajena.

c) Reducida a centros pequeños.

d) No existen las lavanderías centralizadas.

En MADTEST tienes **más preguntas de este tema**, y todos tus avances quedan registrados y se reflejan en el ranking.

¡Supera tus límites con MADTEST!

Solución al test n.º 1

1. a) Procesar la ropa sucia y contaminada convirtiéndola en ropa limpia que ayuda a la comodidad y cuidado del paciente.

2. c) No tendrán aberturas ni huecos donde puedan acumular suciedad.

3. d) Todas las respuestas son correctas.

4. b) Durante el lavado, entre distintas fases.

5. a) Mediante secado.

6. c) Área de costura.

7. a) Permite ver el contenido.

8. c) La zona sucia de la zona limpia.

9. d) Todas las respuestas son correctas.

10. c) Un peso inferior a la capacidad máxima de la máquina.

11. c) La lavadora desagua por la zona limpia.

12. a) La circulación de aire será desde la zona limpia hacia la zona sucia.

13. c) Al salir del túnel de lavado.

14. d) Todas las respuestas son correctas.

15. d) Las respuestas a) y b) son correctas.

16. c) Se lavan.

17. d) Todas las respuestas son correctas.

18. a) Prendas con características similares, que puedan ser sometidas al mismo programa de lavado.

19. c) Carga de lavadoras.

20. a) Propia.

TEST N.º 2

Equipamiento, material e instalaciones de una lavandería hospitalaria. Material permanente de consumo. Instalaciones

1. ¿Cómo influyen los turnos y la distribución del trabajo en la elección de maquinaria para una lavandería?

a) Número de horas que van a estar las máquinas en funcionamiento.
b) Incremento de trabajo durante horas concretas del día.
c) Incremento de trabajo en algunos días de la semana.
d) Todas las respuestas son correctas.

2. ¿Cuáles de las siguientes máquinas se utilizan para el empaquetado y la distribución de la ropa limpia?

a) Secadora.
b) Calandra.
c) Empaquetadora.
d) Centrífuga.

3. ¿Qué característica no es deseable en un producto de lavado?

a) Biodegradable.
b) Agresivo con la ropa.
c) Eficaz.
d) Todas son características deseables.

4. ¿Qué sistema de dosificación se utiliza para el detergente en una lavandería centralizada?

a) Sistema de depósito de predisolución.
b) Método manual.
c) Difusión automática inicial.
d) Remoto.

5. ¿Qué son los pesebres?

a) Contenedores.
b) Jaulas.
c) Sacos.
d) Carros.

6. ¿Qué tamaño es más habitual para los contenedores de ropa en la lavandería?

a) 1 o 2 litros.
b) 30 o 40 litros.
c) 300 o 400 litros.
d) 2000 o 3000 litros.

7. ¿Cómo son las cintas de tablillas?

a) Sistema de transporte formado por una banda continua que se mueve mediante dos rodillos en los extremos.
b) Sistema de arrastre formado por una sucesión de tablillas paralelas.
c) Sistema formado por un conjunto de rodillos, uno a continuación del otro, que giran al mismo tiempo pero de manera independiente.
d) Ninguna respuesta es correcta.

8. ¿Cómo funciona un transportador aéreo de cargas pesadas?

a) Consiste en un sistema de raíles a través del que se mueven unos colgadores que soportan las bolsas con los lotes de ropa.
b) La línea de transporte está formada por un conjunto de rodillos, uno a continuación del otro, que giran al mismo tiempo pero de manera independiente.
c) Es un sistema de transporte manual que facilita el traslado de la carga.
d) Todas las respuestas son correctas.

9. ¿En qué consiste el sistema discontinuo de lavado?

a) En la separación de las fases en el tiempo.
b) Es el que utilizan las lavadoras convencionales, de pequeño tamaño, como las de uso doméstico.
c) Consiste en dividir las fases del lavado en diferentes compartimentos comunicados entre sí, y que pueden funcionar al mismo tiempo.
d) Son correctas las respuestas a) y b).

10. ¿Cómo se define la capacidad de una lavadora?

a) Velocidad de centrifugación.
b) Cantidad de ropa que puede lavar en un ciclo.

c) Presencia o no de base antivibratoria.
d) Tamaño del equipo.

11. ¿Qué cantidad máxima de ropa puede lavar un túnel que tiene 12 compartimentos de 50 kg?

a) 50 kg.
b) 400 kg.
c) 600 kg.
d) 6000 kg.

12. ¿Qué cantidad máxima de ropa puede estar en una fase al mismo tiempo, en un túnel que tiene 12 compartimentos de 50 kg?

a) 50 kg.
b) 400 kg.
c) 600 kg.
d) 6000 kg.

13. ¿Cómo sale la ropa de la secadora?

a) Totalmente seca.
b) Parcialmente seca.
c) Totalmente húmeda.
d) Totalmente seca o con un grado de humedad que dependerá del tiempo del programa aplicado.

14. ¿Qué es la calandra?

a) Un equipo de lavado.
b) Un equipo de planchado.
c) Un sistema de depuración de agua.
d) Un tipo de lavandería.

15. ¿Cuál de los siguientes es objetivo del mantenimiento de la maquinaria?

a) Obtener un buen rendimiento energético.
b) Minimizar el deterioro ambiental.
c) Fijar la periodicidad de las revisiones.
d) Todas las respuestas son correctas.

16. Entre las instalaciones de una lavandería hospitalaria, encontramos:

a) Calandras.
b) Secadoras.

c) Empaquetadoras.

d) Todas son correctas.

17. Una empaquetadora es:

a) Una máquina de planchado de ropa de firma.

b) Una máquina donde se empaquete la ropa con plástico.

c) Una máquina de lavado de ropa.

d) Una máquina de hacer paquetes con papel maché.

18. ¿Qué factor/es se tendrá/n en cuenta a la hora de elegir una nueva máquina?

a) Tipo y cantidad de ropa.

b) Calidad de ropa.

c) Grado de suciedad.

d) Todas las respuestas son correctas.

19. ¿Cómo influye la calidad de la ropa en la elección de una máquina de lavado?

a) Los tejidos resistentes soportan mejor los tratamientos agresivos.

b) Los tejidos menos resistentes necesitan máquinas menos potentes para que no sean dañados.

c) Los tejidos menos resistentes se lavarán en máquinas más pequeñas.

d) La calidad de la ropa no influye en esa elección.

20. ¿Cuál de los siguientes factores no influyen en la elección de los equipos de trabajo?

a) Turnos de trabajo.

b) Previsión de incidencias.

c) Presupuesto.

d) Época del año.

En MADTEST tienes **más preguntas de este tema**, y todos tus avances quedan registrados y se reflejan en el ranking.

¡Supera tus límites con MADTEST!

Solución al test n.º 2

1. d) Todas las respuestas son correctas.

2. c) Empaquetadora.

3. b) Agresivo con la ropa.

4. a) Sistema de depósito de predisolución.

5. a) Contenedores.

6. c) 300 o 400 litros.

7. b) Sistema de arrastre formado por una sucesión de tablillas paralelas.

8. a) Consiste en un sistema de raíles a través del que se mueven unos colgadores que soportan las bolsas con los lotes de ropa.

9. d) Son correctas las respuestas a) y b).

10. b) Cantidad de ropa que puede lavar en un ciclo.

11. c) 600 kg.

12. a) 50 kg.

13. d) Totalmente seca o con un grado de humedad que dependerá del tiempo del programa aplicado.

14. b) Un equipo de planchado.

15. d) Todas las respuestas son correctas.

16. d) Todas son correctas.

17. b) Una máquina donde se empaquete la ropa con plástico.

18. d) Todas las respuestas son correctas.

19. a) Los tejidos resistentes soportan mejor los tratamientos agresivos.

20. d) Época del año.

TEST N.º 3

Procesamiento de la ropa en área sucia: técnicas de lavado (temperaturas, tiempos); ideas básicas de eliminación de manchas

1. ¿Qué es falso sobre el almacenamiento de la ropa sucia?

a) Permanece en las mismas bolsas donde se recogió.
b) Se almacenará por un tiempo lo más breve posible.
c) Se almacenará en el mismo lugar donde se produce.
d) Se almacenará en lugares bien ventilados.

2. ¿Cómo se quitará una mancha de bolígrafo sobre un tejido?

a) Con alcohol.
b) Con agua oxigenada.
c) Con lejía.
d) Con aguarrás.

3. ¿Qué elemento se puede utilizar para quitar manchas de óxido de las prendas?

a) Aceite.
b) Limón.
c) Sal.
d) Alcohol.

4. ¿Cómo se eliminan las manchas de orina?

a) Frotando con alcohol o acetona.
b) Remojando en agua con amoniaco.
c) Frotando con zumo de limón antes de lavar.
d) Frotando con una mezcla de vinagre y alcohol.

5. ¿Cómo se eliminan las manchas de bolígrafo?

a) Frotando con benzol.
b) Aplicando frio y rascando.

c) Frotando con medio limón.
d) Cubriendo la mancha con alcohol y lavando normalmente.

6. ¿Cómo se trata las manchas con cera?

a) Aplicar frío y rascar.
b) Frotar con una mezcla de vinagre y alcohol.
c) Frotar con benzol.
d) Cubrir con polvo de talco y cepillar.

7. La lavadora centrifugadora con una capacidad de 90 kg y tres compartimentos separados entre sí cada uno con su correspondiente puerta, se llama:

a) Regina.
b) Milnor.
c) Miele.
d) Zanussi.

8. La lavadora centrifugadora con una capacidad de 150 kg, con tres compartimentos y sus respectivas puertas, se llama:

a) Milnor.
b) Regina.
c) Zanussi.
d) Miele.

9. La ropa sucia se almacenará por un tiempo:

a) Lo más breve posible.
b) No más de 8 horas.
c) Máximo de 24 horas.
d) No importa el tiempo.

10. Los locales se limpiarán y desinfectarán:

a) Diariamente.
b) Cada 4 horas.
c) Semanalmente.
d) Cada dos días.

11. En la fase de prelavado entra una cantidad de agua del:

a) 10 % de la capacidad de llenado.
b) 20 % de la capacidad de llenado.

c) 30 % de la capacidad de llenado.
d) 50 % de la capacidad de llenado.

12. ¿En qué tipos se puede clasificar la ropa limpia?

a) Ropa blanca, sábanas, traveseros, paños y fundas.
b) Ropa de rizo, toallas de lavabo, de baño, empapadores, ranitas y saquitos.
c) Ropa de felpa, mantas: de cama, cuna y capazo.
d) Todas son correctas.

13. Una vez sale la ropa limpia del túnel de lavado 1 (destiladora secadora) se procede al desliado y separación de la misma, ¿atendiendo a?

a) Clasificación de la ropa blanca plana.
b) Clasificación de la ropa de quirófano o verde.
c) Clasificación de la ropa de rizo.
d) Todas son correctas.

14. ¿Qué parámetros definen un programa de lavado?

a) La duración del lavado.
b) La temperatura.
c) Los aditivos de cada fase.
d) Todas las respuestas son correctas.

15. La manipulación de la ropa sucia será:

a) Mínima y se hará con cuidado para evitar la difusión de microorganismos.
b) Se realizará exhaustivamente para buscar objetos punzantes.
c) No debe manipularse la ropa en ningún caso.
d) Se almacenará para evitar la manipulación.

16. La ropa sucia procedente de unidades de aislamiento de pacientes con procesos infectocontagiosos, deberá:

a) Introducirse en bolsas de tela como el resto de la ropa.
b) Introducirse en bolsas negras para su traslado al punto limpio.
c) Introducirse en cubos de plástico facilitados por la empresa de la limpieza.
d) Introducirse en bolsas o saco impermeables de color rojo.

17. Decir cuál de las siguientes afirmaciones es correcta:

a) La circulación de la ropa en la lavandería se separa en dos circuitos, que se cruzan constantemente.
b) Los carros destinados al transporte de ropa sucia pueden utilizarse para el traslado de ropa limpia, pero no al contrario.

c) Los ascensores o montacargas destinados a trasladar ropa sucia, serán de uso exclusivo.

d) La entrada y salida de ropa en lavandería debe ser única para facilitar a carga y descarga.

18. Para evitar que una mancha se seque:

a) Frotaremos rápidamente con alcohol de quemar.

b) Apretaremos el tejido para evitar que este siga absorbiendo la mancha.

c) Quitaremos lo máximo posible la mancha por absorción.

d) Utilizaremos un producto quitamanchas.

19. Para evitar que las manchas de grasa que quitamos con quitamanchas dejen cerco:

a) Pondremos delante un paño muy absorbente y lo cambiaremos a menudo.

b) Pondremos detrás un papel muy absorbente y lo cambiaremos a menudo.

c) No es necesario hacer nada, los quitamanchas no dejan cerco.

d) Le pondremos unas gotitas de amoníaco en un paño que pondremos detrás de la prenda.

20. Después de poner la ropa en lejía y aclararla bien, la lavaremos:

a) A 60 ºC o 95 ºC.

b) A 30 ºC u 80 ºC.

c) A 60 ºC o 100 ºC.

d) A 50 ºC o 95 ºC.

En MADTEST tienes **más preguntas de este tema**, y todos tus avances quedan registrados y se reflejan en el ranking.

¡Supera tus límites con MADTEST!

Solución al test n.º 3

1. c) Se almacenará en el mismo lugar donde se produce.

2. a) Con alcohol.

3. b) Limón.

4. c) Frotando con zumo de limón antes de lavar.

5. d) Cubriendo la mancha con alcohol y lavando normalmente.

6. a) Aplicar frío y rascar.

7. b) Milnor.

8. b) Regina.

9. a) Lo más breve posible.

10. a) Diariamente.

11. c) 30 % de la capacidad de llenado.

12. d) Todas son correctas.

13. d) Todas son correctas.

14. d) Todas las respuestas son correctas.

15. a) Mínima y se hará con cuidado para evitar la difusión de microorganismos.

16. d) Introducirse en bolsas o saco impermeables de color rojo.

17. c) Los ascensores o montacargas destinados a trasladar ropa sucia, serán de uso exclusivo.

18. c) Quitaremos lo máximo posible la mancha por absorción.

19. b) Pondremos detrás un papel muy absorbente y lo cambiaremos a menudo.

20. a) A 60 ºC o 95 ºC.

TEST N.º 4

Procesamiento de la ropa en área limpia: centrifugado, secado, calandrado

1. ¿Cómo se denominan las puntadas unidas a mano, de derecha a izquierda, para fijar piezas, rematar, etc.?

a) Festón.
b) Hilván.
c) Pespunte.
d) Fruncido.

2. ¿Cuál es la temperatura máxima que se debe aplicar sobre una prenda de rayón durante el planchado?

a) 110 ºC.
b) 150 ºC.
c) 200 ºC.
d) 250 ºC.

3. ¿Qué afirmación es falsa acerca de la manipulación de ropa limpia?

a) La ropa limpia será sometida a la mínima manipulación posible, mecanizando y automatizando todos los procesos posibles.
b) Es importante aplicar una temperatura de planchado adecuada para cada tipo de tejido, ya que la aplicación de temperaturas más altas dañaría los tejidos.
c) El empaquetado de la ropa se hará tocando lo menos posible las prendas, y siempre que sea posible se hará mecánicamente.
d) Las prendas que se van a reparar serán manipuladas mínimamente para evitar que actúen como vehículo de transmisión de enfermedades.

4. ¿Cómo se denomina la unión provisional de dos piezas que van a ser cosidas, con un hilo de otro color que se retira tras coserlas?

a) Hilván.
b) Pespunte.

c) Sobrehilado.
d) Festón.

5. ¿Cómo se almacenará la ropa limpia?

a) Empaquetada y en carros destinados a tal uso.
b) Empaquetada y sobre estantes limpios y desinfectados.
c) Plegada y dentro de los armarios.
d) Ninguna respuesta es correcta.

6. Decir cuál de las siguientes afirmaciones es correcta:

a) La circulación de la ropa en la lavandería se separa en dos circuitos, que se cruzan constantemente.
b) Los carros destinados al transporte de ropa sucia pueden utilizarse para el traslado de ropa limpia, pero no al contrario.
c) Los ascensores o montacargas destinados a trasladar ropa sucia, serán de uso exclusivo.
d) Todas las afirmaciones son correctas.

7. La temperatura máxima para planchar el lino es de:

a) 200 ºC.
b) 150 ºC.
c) 110 ºC.
d) No se pueden planchar.

8. ¿Cuál es la temperatura máxima para planchar la seda?

a) 200 ºC.
b) 150 ºC.
c) 110 ºC.
d) No se pueden planchar.

9. Indica la opción incorrecta con respecto al centrifugado de la ropa:

a) Centrifugar es reducir el agua de la ropa en la lavadora haciendo girar el tambor a gran velocidad.
b) La velocidad de centrifugado se mide en revoluciones por minuto (RPM).
c) Cuanto mayor sea la velocidad de centrifugado, menor será la fuerza centrífuga.
d) Cuanto más diámetro tenga el bombo, mayor extracción de agua.

10. ¿Cómo serán los carros para transporte de ropa limpia?

a) Preferiblemente abiertos y perfectamente limpios.
b) Abiertos y profundos.

c) Preferiblemente cerrados y perfectamente limpios.
d) Nunca se utilizan carros para el transporte de ropa.

11. ¿Cómo se denominan las puntadas unidas a mano, de derecha a izquierda, para fijar piezas, rematar, etc.?

a) Pespunte.
b) Festón.
c) Sobrehilado.
d) Dobladillo.

12. El proceso de secado:

a) Es sólo el hecho de secar.
b) Es un proceso de clasificación y empaquetado.
c) Es un proceso de clasificación y traslado.
d) Es un proceso de secado, empaquetado, clasificación y traslado.

13. La ropa seca que requiere empaquetado es:

a) Mantas.
b) Hules.
c) Batas de quirófano.
d) Almohadas.

14. La ropa de felpa y los hules se trasladarán a:

a) Zona de lencería.
b) Zona de doblaje manual.
c) Máquina plegadora.
d) Zona de doblaje semi-manual.

15. Para el doblaje manual de la ropa:

a) Si la prenda está del revés se deja tal cual.
b) Se extiende bien sobre el caballete.
c) Se separan los delanteros.
d) Se apilan por tallas hasta 25 unidades.

16. La máquina plegadora está orientada básicamente a:

a) Toallas.
b) Chaquetas de uniformidad.
c) Hules.
d) Las respuestas a) y b) son correctas.

17. Las chaquetas de uniformidad se apilan:

a) En montones de 10 unidades.
b) En montones de 5 unidades.
c) En montones de 15 unidades.
d) En montones de 20 unidades.

18. ¿Qué riesgo supone que la ropa limpia se contamine tras el lavado?

a) Pérdida de color.
b) Dificultad para plancharla.
c) Puede actuar como vehículo de transmisión.
d) Mayor gasto energético.

19. ¿Qué requisito deben cumplir las manos del personal que manipule ropa limpia?

a) Estar perfectamente limpias y usar guantes.
b) Se permite el contacto directo ocasional.
c) Deben estar secas pero no lavadas.
d) Solo usar crema desinfectante.

20. ¿Cómo se colocan las prendas de línea al inicio de la calandra?

a) Doblando las esquinas.
b) Con pinzas metálicas.
c) Cogiéndolas por los extremos con guantes.
d) Con cinta adhesiva desechable.

En MADTEST tienes **más preguntas de este tema**, y todos tus
avances quedan registrados y se reflejan en el ranking.

¡Supera tus límites con MADTEST!

Solución al test n.º 4

1. c) Pespunte.

2. a) 110 ºC.

3. d) Las prendas que se van a reparar serán manipuladas mínimamente para evitar que actúen como vehículo de transmisión de enfermedades.

4. a) Hilván.

5. b) Empaquetada y sobre estantes limpios y desinfectados.

6. c) Los ascensores o montacargas destinados a trasladar ropa sucia, serán de uso exclusivo.

7. a) 200 ºC.

8. c) 110 ºC.

9. c) Cuanto mayor sea la velocidad de centrifugado, menor será la fuerza centrífuga.

10. c) Preferiblemente cerrados y perfectamente limpios.

11. a) Pespunte.

12. d) Es un proceso de secado, empaquetado, clasificación y traslado.

13. d) Almohadas.

14. a) Zona de lencería.

15. d) Se apilan por tallas hasta 25 unidades.

16. d) Las respuestas a) y b) son correctas.

17. c) En montones de 15 unidades.

18. c) Puede actuar como vehículo de transmisión.

19. a) Estar perfectamente limpias y usar guantes.

20. c) Cogiéndolas por los extremos con guantes.

TEST N.º 5

El agua como uno de los elementos más importantes en el lavado de ropa. Calidad del agua. Tratamientos del agua

1. El agua está compuesta por:

a) 4 átomos: 2 de hidrógeno y 2 de oxígeno.
b) 3 átomos: 2 de hidrógeno y 1 de oxígeno.
c) 2 átomos: 1 de hidrógeno y 1 de oxígeno.
d) 1 solo átomo de oxígeno.

2. Entre los microorganismos del agua, encontramos:

a) Bacterias, virus.
b) Algas.
c) Protozoos.
d) Todas las respuestas son correctas.

3. Carecen de núcleo verdadero o bien definido:

a) Eucarióticas.
b) Procarióticas.
c) Mecarióticas.
d) Pricarióticas.

4. Las bacterias del agua son microorganismos:

a) Procarióticos.
b) Eucarióticos.
c) Bacilos.
d) Espirilos.

5. En los componentes variables celulares de la bacteria, encontramos:

a) Membranas celulares.
b) Ribosomas.

c) Región nuclear.
d) Flagelos.

6. Las bacterias del agua que requieren oxígeno libre para metabolizar sus alimentos, se denominan:

a) Bacterias anaeróbicas.
b) Bacterias anaeróbicas facultativas.
c) Bacterias aeróbicas.
d) Bacterias menaeróbicas.

7. Las bacterias mesofílicas, necesitan una temperatura de operación de:

a) 40 a 80 ºC.
b) 20 a 40 ºC.
c) 15 a 30 ºC.
d) < 30 ºC.

8. Un agua dura es:

a) El agua fuerte.
b) La que impide la perfecta disolución del jabón.
c) Agua que contiene sales de calcio.
d) Agua de río.

9. Los microorganismos más simples que contienen clorofila, se denominan:

a) Protozoos.
b) Algas.
c) Virus.
d) Bacterias.

10. ¿El agua puede transmitir enfermedades?

a) No, nunca.
b) Sí, como enfermedad entéricas.
c) Sí, como enfermedad de tipo alérgico.
d) No, el agua es imprescindible para la supervivencia y como tal no transmite enfermedad.

11. Entre las bacterias coliformes, encontramos:

a) Escherichia coli.
b) Gardia lambria.
c) Entamoeba.
d) Histolytica.

12. La dureza del agua provoca, entre otros:

a) Que se consuma menos jabón.
b) Que se consuma más jabón.
c) Que la ropa quede más esponjosa.
d) Que la ropa no quede lo suficientemente limpia.

13. La dureza del agua es una característica química de la misma que está determinada por el contenido de:

a) Carbonatos.
b) Bicarbonatos.
c) Cloruros y sulfatos.
d) Todas las respuestas son correctas.

14. Si la dureza del agua es más dura, será debido a que:

a) Hay contenido de calcio.
b) Hay contenido de magnesio.
c) Hay contenido de carbonato de calcio.
d) Menor contenido de carbonato de calcio.

15. Se conoce como «Dureza de No Carbonatos» a:

a) La dureza temporal.
b) La dureza intermedia.
c) La dureza permanente.
d) Tal dureza no existe, toda dureza es de carbonatos.

16. La determinación de microorganismos patógenos en el agua se realiza:

a) Mediante pruebas de indicación directa.
b) Mediante el cultivo.
c) Mediante indicadores indirectos.
d) Ninguna de las respuestas anteriores es correcta.

17. La medida de dureza del agua es:

a) El grado hidrotimétrico.
b) El grado inglés.
c) mg/L de carbonato cálcico $CaCO_4$.
d) El grado español.

18. Consideramos que el agua es blanda, si la dureza es:

a) Superior a 70 mg/l de $CaCO_3$.
b) Inferior a 60 mg/l de $CaCO_3$.

c) Inferior a 65 mg/l de $CaCO_3$.
d) Superior a 80 mg/l de $CaCO_3$.

19. Consideramos el límite de agua para calderas:

a) 200 mg/l de dureza.
b) 0 mg/l de dureza.
c) 50 mg/l de dureza.
d) 150 mg/l de dureza.

20. Los silicatos de sodio y aluminio, tanto artificiales como naturales, se denominan:

a) Solumitas.
b) Caolitos.
c) Zeolíticos.
d) Detritos.

En MADTEST tienes **más preguntas de este tema**, y todos tus avances quedan registrados y se reflejan en el ranking.

¡Supera tus límites con MADTEST!

Solución al test n.º 5

1. b) 3 átomos: 2 de hidrógeno y 1 de oxígeno.

2. d) Todas las respuestas son correctas.

3. b) Procarióticas.

4. a) Procarióticos.

5. d) Flagelos.

6. c) Bacterias aeróbicas.

7. b) 20 a 40 ºC.

8. b) La que impide la perfecta disolución del jabón.

9. b) Algas.

10. b) Sí, como enfermedad entéricas.

11. a) Escherichia coli.

12. b) Que se consuma más jabón.

13. d) Todas las respuestas son correctas.

14. c) Hay contenido de carbonato de calcio.

15. c) La dureza permanente.

16. c) Mediante indicadores indirectos.

17. a) El grado hidrotimétrico.

18. b) Inferior a 60 mg/l de $CaCO_3$.

19. b) 0 mg/l de dureza.

20. c) Zeolíticos.

TEST N.º 6

Características de los textiles y estudio de las diferentes fibras que componen los tejidos. Reacción de los tejidos a la acción de ácidos, lejías, oxidantes, temperatura y acción mecánica

1. ¿Qué características básicas tendrá la ropa hospitalaria?

a) Comodidad, suavidad e higiene.
b) Comodidad, elasticidad y estética.
c) Elasticidad, suavidad y holgura.
d) Tallaje, marcaje e higiene.

2. ¿Qué prendas no son ropa de forma?

a) Pantalones, camisas, batas.
b) Camisones, pijamas.
c) Paños y entremetidas.
d) Todas las respuestas son correctas.

3. ¿Cómo se hace el cálculo de la producción de ropa en una lavandería?

a) En función del peso de ropa.
b) En función del volumen de ropa.
c) En función del número de prendas de línea.
d) En función del número de bolsas de ropa.

4. ¿Qué es mayor, el peso de la ropa lavada o el peso de la ropa tratada?

a) El peso de la ropa tratada.
b) El peso de la ropa lavada.
c) Son iguales.
d) Depende de la ropa.

5. ¿Cuánta ropa es producida en una lavandería?

a) Toda la ropa que entró en la lavandería.
b) La ropa que ha sido sometida a todo el proceso.

c) Toda la ropa desechada.
d) La suma de a) y c).

6. ¿Qué características determinan la calidad de los tejidos?

a) La composición.
b) El color.
c) El entrelazado.
d) Son correctas las respuestas a) y c).

7. ¿Qué resulta del entrelazado de las fibras?

a) Un tejido rugoso.
b) Un producto plano, el tejido.
c) Una fibra mayor.
d) Una prenda.

8. ¿Qué es la dureza del agua?

a) El pH.
b) La acidez.
c) La cantidad de sales disueltas.
d) Todas las respuestas son correctas.

9. ¿Qué efectos negativos pueden tener los lavados sobre la ropa?

a) Disminución de la resistencia del tejido.
b) Decoloración.
c) Encogido.
d) Todas las respuestas son correctas.

10. ¿Qué tipo de manchas pueden formarse en tejidos lavados con aguas alcalinas?

a) Negras.
b) Pardas.
c) Blancas.
d) No se forman manchas.

11. ¿Qué ocurre si se trata una mancha de sangre con lejía?

a) Se quita.
b) Se blanquea.
c) Se fija al tejido.
d) No tiene efecto alguno.

12. ¿Cómo se elimina una mancha de clorhexidina?

a) Con agua oxigenada.
b) Con perborato.
c) Con lejía.
d) Son correctas las respuestas a) y b).

13. ¿De qué color es la ropa de quirófano?

a) Blanca.
b) Azul.
c) Verde.
d) Negra.

14. ¿Qué es el tejido?

a) El proceso de entrelazar hilos de forma regular, para fabricar un producto plano.
b) El producto plano resultante del entrelazado de hilos.
c) La unión de fibras.
d) Las respuestas a) y b) son correctas.

15. ¿Cómo se denominan los conjuntos de hilo que se entrelazan en el tejido?

a) Urdimbre y trama.
b) Turdible y rama.
c) Cóncavo y convexo.
d) Tira y transversa.

16. ¿Cuál es el resultado de la unión sólida de un conjunto de fibras dispuestas de forma paralela?

a) Fibra.
b) Hilo.
c) Tejido.
d) Prenda.

17. ¿Qué tipo de fibra es el algodón?

a) Vegetal.
b) Animal.
c) Tallos de plantas.
d) Sintética.

18. ¿Qué parámetros determinan el rizado de la fibra?

a) Longitud y grosor.
b) Forma, frecuencia y amplitud.

c) Color y tensión.
d) Todas las respuestas son correctas.

19. ¿Qué factores determinan el tratamiento que se debe dar a la ropa en la lavandería?

a) Uso.
b) Color.
c) Tejido.
d) Todas las respuestas son correctas.

20. ¿Qué es la ropa de línea?

a) Son piezas de forma irregular, constituidas por varias piezas unidas por costuras.
b) Son las prendas que necesitan ser planchadas por procedimientos especiales, manuales o mecánicos.
c) Son prendas de forma regular, constituidas por una sola pieza, y sin costuras.
d) Son prendas que se lavan en calandra.

En MADTEST tienes **más preguntas de este tema**, y todos tus avances quedan registrados y se reflejan en el ranking.

¡Supera tus límites con MADTEST!

Solución al test n.º 6

1. a) Comodidad, suavidad e higiene.

2. c) Paños y entremetidas.

3. a) En función del peso de ropa.

4. a) El peso de la ropa tratada.

5. b) La ropa que ha sido sometida a todo el proceso.

6. d) Son correctas las respuestas a) y c).

7. b) Un producto plano, el tejido.

8. c) La cantidad de sales disueltas.

9. d) Todas las respuestas son correctas.

10. b) Pardas.

11. c) Se fija al tejido.

12. d) Son correctas las respuestas a) y b).

13. c) Verde.

14. d) Las respuestas a) y b) son correctas.

15. a) Urdimbre y trama.

16. b) Hilo.

17. a) Vegetal.

18. b) Forma, frecuencia y amplitud.

19. d) Todas las respuestas son correctas.

20. c) Son prendas de forma regular, constituidas por una sola pieza, y sin costuras.

TEST N.º 7

Tipos de suciedad (manchas) y formas de eliminarla. Clasificación según el método utilizado

1. Cuando utilicemos bencina en la limpieza de una mancha debemos:

a) Evitar acercamiento al fuego.
b) Es una sustancia poco inflamable, por lo que sí se puede acercar a fuentes de calor.
c) Evitar lavarlo con otros productos conjuntamente.
d) Ninguna de las respuestas es correcta.

2. ¿Cuál es el secreto más importante para eliminar las manchas de la ropa?

a) Lavar la prenda cuando se trate de manchas difíciles.
b) Actuar con rapidez.
c) Planchar la prenda antes de lavarla para sacar la mancha difícil.
d) Realizar una prueba en un trozo de tejido no visible de la prenda para comprobar su solidez.

3. Indica la respuesta incorrecta en relación a las manchas complejas:

a) Las telas que las posean deben ponerse sobre una tela de franela o algodón, plegado en varios dobleces, para absorber la sustancia disolvente utilizada.
b) Se empleará un solo producto quitamanchas, consiguiendo con ello la total eliminación de la mancha.
c) Es preciso ir quitando, sucesivamente, los distintos cercos que van dejando las sustancias con que se ha tratado la mancha primitiva.
d) Si es una mancha compleja en tejidos de seda, extenderemos una capa de polvos de talco alrededor de la mancha antes de empezar con su limpieza.

4. La magnesia es una sustancia:

a) Disolvente.
b) Acética.
c) Neutralizante.
d) Absorbente.

5. El ácido tartárico procede de:

a) Las uvas.
b) El vinagre de manzana.
c) El zumo de limón.
d) El vinagre de vino blanco.

6. El bicarbonato es una sustancia:

a) Disolvente.
b) Cítrica.
c) Neutralizante.
d) Absorbente.

7. Si se encuentra ropa manchada de zumo de fruta de hace varios días, ¿cómo se procede a eliminar dichas manchas?

a) Sumergiendo la pieza en agua hirviendo con sal, luego frote con jabón.
b) Lavándola con agua fría y detergente suave y aclarando muchas veces.
c) Impregnando la mancha con agua templada, añadiendo luego sal y sacudiéndola.
d) Decolorando con agua oxigenada de 20 volúmenes, utilizando una cucharada por litro de agua.

8. Para la eliminación de manchas de óxido se empleará:

a) Ácido oxálico, zumo de limón.
b) Ácido clorhídrico.
c) Jabón.
d) Amoniaco.

9. Para quitar manchas de alquitrán:

a) Hay que ablandar previamente la mancha con amoníaco.
b) Hay que lavarlas con agua caliente.
c) Sobre tejidos lavables se aplica esencia de trementina o gasolina.
d) Ninguna de las respuestas anteriores es correcta.

10. Para quitar manchas de rotulador se debe:

a) Usar esencia de trementina.
b) Utilizar solamente detergente normal.
c) Las de rotulador son difíciles de quitar.
d) Se usa alcohol 90º o acetona.

11. Para quitar manchas de huevo de tejidos de color:

a) Aclarar con amoníaco disuelto en agua (una cucharada por litro).
b) Lavar con agua fría con una cucharada de amoníaco por litro.
c) Remojar en leche y frotar, posteriormente lavar.
d) Tras remojar en agua caliente, aplicar una mezcla hervida de zumo de limón y talco.

12. Las manchas de tinta de bolígrafo, se eliminan con:

a) Lejía.
b) Ácido oxálico.
c) Leche o trisulfato sódico.
d) Frotando con aceite de trementina y bórax.

13. Las manchas de café se eliminan:

a) Con acetona.
b) En remojo en agua fría con detergente.
c) Con alcohol metílico.
d) Las respuestas b) y c) son correctas.

14. Las manchas de aceite en fibras sintéticas se eliminan:

a) Con talco para absorber la grasa.
b) Diluir la mancha con éter y lavar con detergente normal.
c) Frotar la mancha con un paño impregnado en trementina.
d) Con amoniaco.

15. El chicle en los tejidos, se elimina con:

a) Acetona.
b) Agua oxigenada.
c) Trementina.
d) Alcohol de quemar.

16. La cera se elimina de los tejidos:

a) Planchando el tejido a 60 ºC.
b) Frotando con un paño impregnado en trementina.
c) Planchando el tejido con un papel secante.
d) Impregnar en vinagre caliente y aclarar.

17. Para eliminar manchas de sangre en los tejidos:

a) Cepillar con alcohol diluido.
b) Decolorar la mancha con un chorro de agua oxigenada y después frotar con un paño humedecido en agua con vinagre.

c) Aclarar la mancha en agua fría y después frotarla con un paño humedecido en agua con vinagre.

d) En general desaparece con leche tibia.

18. ¿Qué método es el más idóneo si la mancha a quitar es de aceite?

a) Tratar la parte manchada con alcohol metílico y un poco de vinagre blanco. Si aún quedan restos, eliminar con solvente para limpieza a seco.

b) Remojar la prenda en agua fría con detergente.

c) Mojar con benzol y recubrir con polvos de talco para que absorba la suciedad. Cepillar luego.

d) Tratar la mancha con alcohol y lavar.

19. ¿Qué mancha limpiaría si método para quitarlas consiste en ablandar la mancha con glicerina?

a) Alquitrán.

b) Caldo de carne.

c) Carmín.

d) Cera.

20. ¿Qué método es el más idóneo si la mancha a quitar es de caramelo?

a) Tratar la mancha con alcohol y lavar.

b) Remojar la prenda en agua fría con detergente.

c) Utilizar agua fría, si la mancha es reciente. Si no sale se puede probar con amoniaco.

d) Frotar la mancha varias veces con alcohol 96º. Las manchas antiguas se ablandan primero con glicerina y luego se lavan con agua tibia.

En MADTEST tienes **más preguntas de este tema**, y todos tus avances quedan registrados y se reflejan en el ranking.

¡Supera tus límites con MADTEST!

Solución al test n.º 7

1. a) Evitar acercamiento al fuego.

2. b) Actuar con rapidez.

3. b) Se empleará un solo producto quitamanchas, consiguiendo con ello la total eliminación de la mancha.

4. d) Absorbente.

5. a) Las uvas.

6. a) Disolvente.

7. a) Sumergiendo la pieza en agua hirviendo con sal, luego frote con jabón.

8. a) Ácido oxálico, zumo de limón.

9. c) Sobre tejidos lavables se aplica esencia de trementina o gasolina.

10. d) Se usa alcohol 90º o acetona.

11. b) Lavar con agua fría con una cucharada de amoníaco por litro.

12. c) Leche o trisulfato sódico.

13. c) Con alcohol metílico.

14. b) Diluir la mancha con éter y lavar con detergente normal.

15. a) Acetona.

16. c) Planchando el tejido con un papel secante.

17. b) Decolorar la mancha con un chorro de agua oxigenada y después frotar con un paño humedecido en agua con vinagre.

18. c) Mojar con benzol y recubrir con polvos de talco para que absorba la suciedad. Cepillar luego.

19. a) Alquitrán.

20. c) Utilizar agua fría, si la mancha es reciente. Si no sale se puede probar con amoniaco.

TEST N.º 8

Características de los productos de lavado y neutralizantes. Calidades de las lejías. Anticloros: ventajas e inconvenientes

1. ¿Qué cuatro factores componen el llamado "Círculo de Sinner" para medir la eficacia del lavado?

a) Acción mecánica, acción química, temperatura del agua y tiempo de acción.
b) Acción manual, acción detergente, dureza del agua y centrifugado.
c) Acción mecánica, blanqueamiento, temperatura del agua y aclarado.
d) Acción química, dosificación, presión del agua y tiempo de secado.

2. Según el Reglamento CLP, ¿qué siglas sustituyen a las antiguas frases R (de riesgo)?

a) Las frases P (de prudencia).
b) Las frases H (de peligro).
c) Las frases E (de emergencia).
d) Las frases S (de seguridad).

3. ¿Cuántas secciones obligatorias debe contener una Ficha de Datos de Seguridad (FDS)?

a) 10 secciones.
b) 12 secciones.
c) 14 secciones.
d) 16 secciones.

4. ¿Qué forma y colores tienen los pictogramas de peligro según el Reglamento CLP?

a) Forma redonda con símbolo negro sobre fondo amarillo.
b) Forma de cuadrado apoyado en un vértice con símbolo negro sobre fondo blanco y marco rojo.
c) Forma de triángulo con símbolo rojo sobre fondo blanco.
d) Forma rectangular con símbolo blanco sobre fondo azul.

5. ¿Qué palabras de advertencia establece el Reglamento CLP para indicar el nivel de gravedad de los peligros?

a) "Grave" y "Leve".
b) "Peligro" y "Atención".
c) "Cuidado" y "Precaución".
d) "Mortal" y "Nocivo".

6. ¿Qué clase de peligro físico se define como sustancias que, en contacto con otras, particularmente inflamables, producen una reacción exotérmica?

a) Explosivos.
b) Comburentes.
c) Corrosivos para metales.
d) Piroféricos.

7. ¿Qué efecto adverso producen las sustancias clasificadas como "Corrosión cutánea"?

a) Una reacción alérgica reversible.
b) Lesiones irreversibles en la piel (necrosis que alcanza la dermis).
c) Sequedad o grietas tras exposición repetida.
d) Una inflamación leve que desaparece en 24 horas.

8. ¿Qué gas muy tóxico se genera al mezclar lejía (hipoclorito de sodio) con amoniaco?

a) Cloramina.
b) Dióxido de carbono.
c) Ozono.
d) Metano.

9. ¿Qué ocurre si se diluye lejía en agua caliente?

a) Se potencia el efecto desinfectante.
b) Se genera una explosión inmediata.
c) Se evapora el cloro y ya no se desinfecta, generando olores que pueden causar intoxicación.
d) Se convierte en ácido peracético.

10. ¿Cuál es el rango de contenido en cloro activo para que una solución sea considerada "lejía" según la normativa?

a) No inferior a 20 gramos por litro ni superior a 80 gramos por litro.
b) No inferior a 35 gramos por litro ni superior a 100 gramos por litro.
c) No inferior a 60 gramos por litro ni superior a 150 gramos por litro.
d) Exactamente 40 gramos por litro.

11. ¿Qué contenido en cloro activo define a la "lejía concentrada"?

a) Entre 35 y 60 gramos por litro.
b) Inferior a 35 gramos por litro.
c) No inferior a 60 gramos por litro ni superior a 100 gramos por litro.
d) Superior a 100 gramos por litro.

12. ¿Cuál es la alcalinidad total máxima permitida para que una lejía sea "apta para la desinfección del agua de bebida"?

a) 0,9 % en peso.
b) 1,8 % en peso.
c) 2,5 % en peso.
d) 5,0 % en peso.

13. ¿Qué sustancias se prohíbe añadir a la lejía según la reglamentación técnico-sanitaria?

a) Sustancias que aumenten su viscosidad.
b) Sustancias que produzcan olores iguales o parecidos a los productos alimenticios o que enmascaren totalmente su olor.
c) Agua destilada para rebajar la concentración.
d) Estabilizantes de cloro autorizados.

14. ¿Cuáles son los anticloros más empleados en las formulaciones de productos de lavado?

a) El ácido acético y el vinagre.
b) El bisulfito y los peróxidos.
c) El bicarbonato y la sosa cáustica.
d) El amoniaco y el alcohol.

15. ¿Cuál es la principal función de los anticloros en el proceso de lavado?

a) Aumentar la blancura óptica de la ropa.
b) Eliminar el cloro residual del textil para evitar que dañe las fibras, especialmente en el secado.
c) Desinfectar la ropa a baja temperatura.
d) Suavizar los tejidos sintéticos.

16. ¿Qué productos se añaden en los últimos aclarados para eliminar restos de cloro y alcalinidad?

a) Detergentes enzimáticos.
b) Suavizantes catiónicos.

c) Neutralizantes.
d) Blanqueantes ópticos.

17. ¿A qué pH se debe ajustar la dosis de neutralizante en el agua de desagüe?

a) pH 2 - 3.
b) pH 6 - 7.
c) pH 9 - 10.
d) pH 12 - 14.

18. ¿Qué indicación de peligro corresponde a la frase H350?

a) Puede provocar cáncer.
b) Mortal en caso de ingestión.
c) Provoca quemaduras graves en la piel.
d) Muy tóxico para los organismos acuáticos.

19. ¿Qué mezcla de productos produce ácido peracético, el cual es altamente corrosivo en altas concentraciones?

a) Lejía y vinagre.
b) Vinagre y bicarbonato.
c) Vinagre y agua oxigenada.
d) Lejía y lavavajillas.

20. ¿Qué se recomienda respecto al almacenamiento de productos químicos incompatibles?

a) Almacenarlos juntos para ahorrar espacio.
b) Almacenarlos separados, agrupados por el tipo de riesgo y respetando las incompatibilidades (ej. separar combustibles de oxidantes).
c) Almacenarlos en estanterías de madera siempre.
d) Trasvasarlos a recipientes de vidrio transparente para identificarlos mejor.

En MADTEST tienes **más preguntas de este tema**, y todos tus avances quedan registrados y se reflejan en el ranking.

¡Supera tus límites con MADTEST!

Solución al test n.º 8

1. a) Acción mecánica, acción química, temperatura del agua y tiempo de acción.

2. b) Las frases H (de peligro).

3. d) 16 secciones.

4. b) Forma de cuadrado apoyado en un vértice con símbolo negro sobre fondo blanco y marco rojo.

5. b) "Peligro" y "Atención".

6. b) Comburentes.

7. b) Lesiones irreversibles en la piel (necrosis que alcanza la dermis).

8. a) Cloramina.

9. c) Se evapora el cloro y ya no se desinfecta, generando olores que pueden causar intoxicación.

10. b) No inferior a 35 gramos por litro ni superior a 100 gramos por litro.

11. c) No inferior a 60 gramos por litro ni superior a 100 gramos por litro.

12. a) 0,9 % en peso.

13. b) Sustancias que produzcan olores iguales o parecidos a los productos alimenticios o que enmascaren totalmente su olor.

14. b) El bisulfito y los peróxidos.

15. b) Eliminar el cloro residual del textil para evitar que dañe las fibras, especialmente en el secado.

16. c) Neutralizantes.

17. b) pH 6 - 7.

18. a) Puede provocar cáncer.

19. c) Vinagre y agua oxigenada.

20. b) Almacenarlos separados, agrupados por el tipo de riesgo y respetando las incompatibilidades (ej. separar combustibles de oxidantes).

TEST N.º 9

Métodos de lavado. Mojado, prelavado y aclarado. Programas de lavado según la suciedad y tipo de fibra. Controles de lavado: agua, productos, máquinas, operaciones, aclarados y calidad obtenida

1. ¿Cuál es el objetivo principal del proceso de lavado de ropa en lavandería?

a) Eliminación total de la suciedad sin deteriorar los tejidos.
b) Aumentar el peso de las prendas lavadas.
c) Reducir la resistencia de las fibras.
d) Mantener las prendas en agua fría de forma permanente.

2. ¿Qué fase del ciclo de lavado consiste en mantener la ropa en agua fría durante 3-5 minutos?

a) Prelavado.
b) Humectación.
c) Aclarado.
d) Centrifugado.

3. ¿Qué sustancias son los principales agentes humectantes?

a) Cloro y amoníaco.
b) Ácidos y lejía.
c) Jabones y alcoholes.
d) Aceites y resinas.

4. ¿Cuál es la duración aproximada del primer ciclo de prelavado?

a) 2 minutos.
b) 5 minutos.
c) 15 minutos.
d) 30 minutos.

5. ¿Qué acción se realiza en el tercer ciclo del prelavado?

a) Introducir suavizante.
b) Aumentar la temperatura a 90 ºC.
c) Centrifugado suave para eliminar restos de lejía y detergente.
d) Secado completo de la ropa.

6. ¿Qué se añade al agua en el primer ciclo de la fase de lavado?

a) Únicamente suavizante.
b) Solo agua fría.
c) Neutralizante.
d) Detergente y blanqueador.

7. ¿Qué sucede en el tercer ciclo de la fase de lavado?

a) Un secado prolongado.
b) Adición de neutralizante.
c) Alternancia de aclarados y centrifugados, finalizando con suavizante.
d) Exclusivamente un giro lento.

8. ¿Qué función cumple la fase de aclarado?

a) Aumentar la temperatura del agua.
b) Eliminar exclusivamente grasa.
c) Disolver productos de lavado y suciedades eliminadas.
d) Añadir suavizante y perfume.

9. ¿Qué operación acompaña siempre al aclarado?

a) Agitación de la ropa.
b) Inyección de lejía.
c) Secado por aire caliente.
d) Adición de neutralizante.

10. ¿Qué instrumento mide la velocidad de centrifugación en revoluciones por minuto (rpm)?

a) Termostato.
b) Manómetro.
c) Tacómetro.
d) Dinamómetro.

11. ¿Qué objetivo tiene el lejiado?

a) Neutralizar ácidos.
b) Secar la ropa rápidamente.

c) Blanquear y desinfectar la ropa.
d) Aumentar la suavidad del tejido.

12. ¿Qué ventaja tiene realizar el lejiado en el prelavado?

a) Mayor desinfección.
b) No necesita neutralizante.
c) Reduce la duración total del lavado.
d) Fija mejor las manchas grasas.

13. ¿Qué es el neutralizado?

a) Una fase opcional de secado.
b) La adición de blanqueador.
c) Adición de producto neutralizante de cloro durante los últimos aclarados.
d) Proceso de agitación de la ropa.

14. ¿Qué productos combinan suavizante y neutralizante en lavandería industrial?

a) Los blanqueadores en polvo.
b) Los detergentes líquidos.
c) Los jabones neutros.
d) Los suavizantes que contienen neutralizantes de lejía.

15. ¿Qué efecto produce el suavizante en las prendas?

a) Blanquear los tejidos.
b) Acelerar el secado.
c) Eliminar bacterias.
d) Mejorar el tacto y el olor.

16. ¿Qué producto evita que la lejía continúe actuando sobre los tejidos?

a) El neutralizante.
b) El detergente.
c) El suavizante.
d) El humectante.

17. ¿En qué formato se puede encontrar el neutralizante?

a) Gaseoso.
b) Líquido o sólido (en polvo).
c) Gel.
d) En cápsulas.

18. ¿Qué efecto producen los suavizantes añadidos en el último aclarado?

a) Blanquean las prendas.
b) Mejoran el tacto y el olor.
c) Neutralizan el cloro.
d) Aumentan la rigidez del tejido.

19. ¿Qué característica tiene el suavizante en su aplicación?

a) No necesita aclarado posterior.
b) Solo se usa en ropa blanca.
c) Debe aclararse después.
d) Requiere temperatura alta.

20. ¿Qué debe tenerse en cuenta para aplicar un programa de lavado?

a) El peso de la ropa.
b) El color del tambor.
c) La información de las etiquetas de las prendas.
d) El número de centrifugados.

En MADTEST tienes **más preguntas de este tema**, y todos tus avances quedan registrados y se reflejan en el ranking.

¡Supera tus límites con MADTEST!

Solución al test n.º 9

1. a) Eliminación total de la suciedad sin deteriorar los tejidos.

2. b) Humectación.

3. c) Jabones y alcoholes.

4. b) 5 minutos.

5. c) Centrifugado suave para eliminar restos de lejía y detergente.

6. d) Detergente y blanqueador.

7. c) Alternancia de aclarados y centrifugados, finalizando con suavizante.

8. c) Disolver productos de lavado y suciedades eliminadas.

9. a) Agitación de la ropa.

10. c) Tacómetro.

11. c) Blanquear y desinfectar la ropa.

12. b) No necesita neutralizante.

13. c) Adición de producto neutralizante de cloro durante los últimos aclarados.

14. d) Los suavizantes que contienen neutralizantes de lejía.

15. d) Mejorar el tacto y el olor.

16. a) El neutralizante.

17. b) Líquido o sólido (en polvo).

18. b) Mejoran el tacto y el olor.

19. a) No necesita aclarado posterior.

20. c) La información de las etiquetas de las prendas.

TEST N.º 10

Procesos de lavado y desinfección de ropa hospitalaria. Prelavado y lavado de ropa. Tipos de locales e indicaciones técnicas en el procesado de ropa. Normas de actuación del personal. Controles higiénicos. Los detergentes. Tipos de detergentes: de prelavado, lavado, enjuague y suavizantes. Procesos de selección de detergentes y productos de lavado

1. ¿A qué temperatura y durante cuánto tiempo se efectuará el lavado de ropa para asegurar la destrucción de la mayoría de los microorganismos?

a) 60 ºC durante 30 minutos.
b) 90 ºC durante 15 minutos.
c) 40 ºC durante 45 minutos.
d) 80 ºC durante 10 minutos.

2. ¿Para qué tipo de prendas está indicado el uso de perborato como producto de blanqueo a 80 ºC o más?

a) Para ropa delicada que requiere agua fría.
b) Para prendas que no soporten los productos clorados, como la ropa de neonatos.
c) Para prendas de lana exclusivamente.
d) Para ropa de color oscuro.

3. ¿Qué condiciones debe alcanzar el túnel de lavado para el proceso de limpieza y desinfección de carros?

a) Al menos 95 ºC durante 10 minutos.
b) 60 ºC durante 20 minutos.
c) 80 ºC durante 5 minutos.
d) 40 ºC durante 15 minutos.

4. ¿Cuál debe ser la temperatura mínima de las calandras para asegurar el total secado y la eliminación de arrugas?

a) Entre 100-120 ºC.
b) Entre 140-150 ºC.
c) Entre 160-180 ºC.
d) Entre 80-90 ºC.

5. ¿Cuántas renovaciones de aire por hora debe asegurar al menos el sistema de ventilación de una lavandería?

a) 10 renovaciones.
b) 20 renovaciones.
c) 50 renovaciones.
d) 30 renovaciones.

6. ¿Qué elemento constituye el principal sistema de calefacción utilizado para elevar la temperatura del agua y calentar máquinas de secado?

a) El aire comprimido.
b) El vapor.
c) La energía solar térmica.
d) La electricidad estática.

7. ¿Cómo se mide la capacidad productiva de una lavandería?

a) Por el máximo peso de ropa seca que se puede someter a todo el proceso en un día.
b) Por el número de lavadoras disponibles en la instalación.
c) Por la cantidad total de agua consumida en una jornada.
d) Por el peso de la ropa húmeda al salir de las lavadoras.

8. ¿Por qué se desaconseja el sistema de lavandería vertical en centros hospitalarios cuando la ropa puede suponer riesgo de infección?

a) Porque el transporte por gravedad es muy lento.
b) Porque las bolsas pueden romperse al caer, contaminando la tolva y favoreciendo la dispersión de la infección.
c) Porque requiere más personal para operar los ascensores.
d) Porque la instalación de la maquinaria es más barata pero menos duradera.

9. ¿Cuál es una característica principal de la lavandería horizontal?

a) Las secciones se sitúan en varias alturas conectadas por tolvas.
b) Todas las secciones se localizan en la misma planta, facilitando el flujo continuo.
c) Requiere poca superficie disponible.
d) Utiliza la gravedad para el transporte de la ropa.

10. ¿En qué consiste el principio de "no retorno" en el diseño de una lavandería hospitalaria?

a) En que la ropa sigue un único sentido de avance, sin volver atrás y sin cruces entre fases.
b) En que el agua utilizada no puede volver a usarse en ningún caso.
c) En que los trabajadores no pueden volver a entrar una vez han salido.
d) En que la ropa limpia se almacena en el mismo lugar de recepción.

11. ¿Qué caracteriza a la configuración en "U" de una lavandería?

a) La entrada y salida se disponen en lugares opuestos en línea recta.
b) La entrada de ropa sucia y la salida de limpia se disponen hacia el mismo lugar, pero por accesos separados.
c) No existe barrera sanitaria física.
d) Se distribuye en tres plantas diferentes.

12. ¿Qué equipamiento debe llevar el personal manipulador de ropa sucia encargado de la recepción y clasificación?

a) Únicamente guantes de látex.
b) Ropa de calle y mascarilla quirúrgica.
c) Bata, gorro, mascarilla y guantes.
d) Delantal de plomo y gafas protectoras.

13. ¿Cómo debe realizarse la dosificación de los productos en el túnel de lavado?

a) Manualmente según el criterio del operario de turno.
b) De forma automatizada, utilizándose exclusivamente las cantidades programadas.
c) Añadiendo el producto directamente sobre la ropa antes de cargarla.
d) A ojo, dependiendo del nivel de agua visible.

14. Según el círculo de Sinner, ¿cuáles son los cuatro factores cuyo equilibrio mide la eficacia del lavado?

a) Jabón, lejía, suavizante y agua.
b) Clasificación, lavado, secado y planchado.
c) Acción mecánica, acción química, temperatura del agua y tiempo de acción.
d) Presión, caudal, dureza y pH.

15. ¿Cuál es la principal función de los tensioactivos en los detergentes?

a) Aumentar la tensión superficial para que el agua no penetre en las fibras.
b) Reducir la tensión superficial del agua, aumentando su poder humectante.
c) Actuar como perfume para la ropa.
d) Endurecer el agua para mejorar el lavado.

16. ¿Qué propiedad característica tienen los tensioactivos catiónicos?

a) Tienen gran poder desinfectante y suavizante para el textil.
b) Generan iones con carga negativa y mucha espuma.
c) Se utilizan para regular la espuma de los aniónicos.
d) Son compatibles con los tensioactivos aniónicos en la misma mezcla.

17. ¿Qué función cumplen los fosfatos como coadyuvantes en los detergentes?

a) Actúan como blanqueantes ópticos.
b) Sirven para perfumar la ropa.
c) Ablandan el agua al secuestrar los iones cálcicos y magnésicos.
d) Aumentan la acidez del agua.

18. ¿A qué se debe la acción de la lejía como desinfectante y blanqueante?

a) A su contenido en enzimas lipasas.
b) A su pH neutro.
c) Al cloro, que actúa como oxidante liberando oxígeno activo.
d) A los tensioactivos catiónicos que contiene.

19. ¿A partir de qué temperatura se produce la activación del perborato sódico (liberación de oxígeno)?

a) A partir de 30 ºC.
b) A partir de 40 ºC.
c) A partir de 60 ºC.
d) A partir de 100 ºC.

20. ¿Para qué se utiliza el ácido acético en el proceso de lavado?

a) Como desinfectante de alto nivel.
b) Como protector del color, añadiéndose en el último aclarado.
c) Como quitamanchas de grasa en el prelavado.
d) Como blanqueante óptico para ropa blanca.

En MADTEST tienes **más preguntas de este tema**, y todos tus avances quedan registrados y se reflejan en el ranking.

¡Supera tus límites con MADTEST!

Solución al test n.º 10

1. b) 90 ºC durante 15 minutos.

2. b) Para prendas que no soporten los productos clorados, como la ropa de neonatos.

3. a) Al menos 95 ºC durante 10 minutos.

4. c) Entre 160-180 ºC.

5. d) 30 renovaciones.

6. b) El vapor.

7. a) Por el máximo peso de ropa seca que se puede someter a todo el proceso en un día.

8. b) Porque las bolsas pueden romperse al caer, contaminando la tolva y favoreciendo la dispersión de la infección.

9. b) Todas las secciones se localizan en la misma planta, facilitando el flujo continuo.

10. a) En que la ropa sigue un único sentido de avance, sin volver atrás y sin cruces entre fases.

11. b) La entrada de ropa sucia y la salida de limpia se disponen hacia el mismo lugar, pero por accesos separados.

12. c) Bata, gorro, mascarilla y guantes.

13. b) De forma automatizada, utilizándose exclusivamente las cantidades programadas.

14. c) Acción mecánica, acción química, temperatura del agua y tiempo de acción.

15. b) Reducir la tensión superficial del agua, aumentando su poder humectante.

16. a) Tienen gran poder desinfectante y suavizante para el textil.

17. c) Ablandan el agua al secuestrar los iones cálcicos y magnésicos.

18. c) Al cloro, que actúa como oxidante liberando oxígeno activo.

19. c) A partir de 60 ºC.

20. b) Como protector del color, añadiéndose en el último aclarado.

Prevención de riesgos laborales. La Ley 31/1995, de 8 de noviembre, de Prevención de Riesgos Laborales: derechos y obligaciones. Los equipos de protección individual (EPI) en las lavanderías hospitalarias. Control de infecciones en el entorno de trabajo y en el manejo de la ropa hospitalaria. La manipulación manual de cargas en el puesto de trabajo

1. ¿Cuál de las siguientes funciones corresponde al personal lavandero según el Estatuto del personal no sanitario en instituciones sanitarias?

a) Se ocuparán de la limpieza de los locales de los servicios de plancha.

b) Efectuarán el planchado de toda clase de prendas, bien sea a mano o por procedimientos mecánicos.

c) Efectuarán los trabajos relacionados con el lavado de las ropas y prendas de la Institución, previa clasificación y recuento de las mismas.

d) Tendrán a su cargo la limpieza y desinfección de la maquinaria.

2. ¿Cuál es el riesgo principal asociado a las máquinas con partes móviles accesibles o no protegidas, como el tambor de la máquina de limpieza en seco o la lavadora?

a) Riesgo de caídas en el mismo plano por suelos resbaladizos.

b) Riesgo de contacto eléctrico indirecto por avería.

c) Riesgo de atrapamientos, golpes y/o cortes.

d) Riesgo de quemaduras por superficies calientes.

3. En la prevención de caídas en el mismo plano en el servicio de lavandería, ¿cuál de las siguientes medidas debe adoptarse?

a) Mantener las vías de acceso y los pasos con iluminación natural.

b) Eliminar la suciedad, papeles, desperdicios, y obstáculos contra los que se puede tropezar.

c) Recoger los objetos abandonados de manera aleatoria al final de la jornada.

d) Colocar cintas adhesivas de señalización para los cables por el suelo.

4. Para el almacenamiento seguro de materiales en estanterías, ¿cómo se recomienda que se distribuyan las cargas más pesadas y las de mayor uso?

a) Las más pesadas en los estantes superiores y las de mayor uso en los inferiores.

b) Las más pesadas en los estantes centrales y las de mayor uso en los superiores.

c) Las más pesadas se colocarán en los estantes inferiores, y las de mayor uso en los estantes centrales.

d) Las más pesadas se colocarán en los estantes centrales, y las más ligeras en los estantes inferiores.

5. ¿Cuál es la distancia mínima de separación que se recomienda establecer entre las máquinas para mitigar el riesgo de golpes contra objetos inmóviles?

a) Mínimo 100 cm.

b) Mínimo 60 cm.

c) Mínimo 80 cm.

d) Mínimo 75 cm.

6. Si se produce una avería en la maquinaria o herramientas eléctricas, ¿qué acción debe realizar el personal antes de solicitar la reparación?

a) Comunicar los daños y hacerlos reparar por personal autorizado, sin desconectar la tensión.

b) Desconectar la tensión y sacar el enchufe, y comunicar los daños para su reparación por personal autorizado.

c) Intentar reparar el fallo antes de desconectar la tensión.

d) Intentar reparar el fallo utilizando material aislante para protegerse.

7. En general, ¿cuál es el nivel de ruido máximo que no debe superar una zona de trabajo para conseguir un ambiente sonoro confortable?

a) No deberá superar los 65 decibelios.

b) No deberá superar los 75 decibelios.

c) No deberá superar los 85 decibelios.

d) No deberá superar los 70 decibelios.

8. ¿Cuál de los siguientes se considera un riesgo derivado de agentes físicos?

a) Contacto con sustancias cáusticas y/o corrosivas.

b) Trabajos con posturas forzadas.

c) Proyección de fragmentos y/o partículas.

d) Exposición a fuentes de ruido generado por equipos o máquinas ruidosas.

9. ¿Cuál es la medida preventiva que se debe establecer para la utilización de productos que contienen sustancias químicas peligrosas?

a) Exigir al proveedor la ficha técnica con el marcado CE.
b) Evitar el contacto de sustancias con la piel, y evitar el contacto con alimentos y bebidas.
c) Almacenar los productos en los locales de trabajo en estanterías homologadas.
d) Instalar un sistema de ventilación forzada sin necesidad de aspiración localizada.

10. En relación con el riesgo de incendio en la lavandería, ¿dónde deben almacenarse los productos inflamables si no se utilizan para el trabajo del día?

a) En armarios metálicos ignífugos de acceso restringido en el local de trabajo.
b) En locales distintos e independientes de los de trabajo, debidamente aislados y ventilados.
c) En el almacén general del centro, siempre que no superen los 50 kg de peso.
d) En armarios completamente aislados que compartan ventilación con el almacén general.

11. ¿Cuál de los siguientes se considera un riesgo derivado del diseño de los puestos de trabajo?

a) Trabajos no planificados.
b) Trabajos realizados con manejo de cargas o posturas forzadas.
c) Conductas personales ante los riesgos.
d) Falta de formación para trabajos en máquinas.

12. ¿Cuál debe ser la humedad relativa del aire en el lugar de trabajo cuando existe presencia de electricidad estática?

a) Debe estar comprendida entre 30 y 70 % con carácter general.
b) Debe estar comprendida entre 40 y 60 %.
c) Debe estar comprendida entre 50 y 70 %.
d) No tiene relación con la electricidad estática, solo con la temperatura.

13. Para prevenir el riesgo por inadecuada iluminación del lugar de trabajo, ¿qué acción debe realizarse periódicamente?

a) Evitar reflejos.
b) Eliminar o apantallar fuentes de luz deslumbrantes.
c) Limpiar periódicamente las lámparas y luminarias.
d) Diferenciar el sistema de iluminación según el tipo de riesgo.

14. ¿Qué medida preventiva se considera adecuada para mitigar el riesgo de estrés producido por trabajos no planificados o la rutina?

a) Realizar la vigilancia periódica de la salud.
b) Delimitar la tarea por actividades afines.

c) Distribuir de forma clara las tareas y competencias.

d) No prolongar la jornada habitual de trabajo y compensarla con descanso adicional.

15. ¿Qué factor puede provocar el riesgo de atropellos, golpes y choques con o contra vehículos en los centros de trabajo?

a) La falta de uso de calzado de seguridad.

b) La falta de espacio para la circulación de vehículos.

c) El incumplimiento de la normativa de seguridad de las máquinas.

d) La excesiva distancia entre máquinas y estanterías.

16. ¿Qué riesgo específico, además de contactos eléctricos y sobreesfuerzos, se deriva del uso de la maquinaria propia de una lavandería?

a) Proyección de fragmentos.

b) Atrapamientos.

c) Vibraciones excesivas.

d) Quemaduras químicas.

17. En relación con el mantenimiento preventivo de las máquinas de lavandería, ¿quién debe realizar las tareas de mantenimiento y reparación?

a) El personal especializado que indique el fabricante o proveedor.

b) El personal de lavandería debidamente formado en el mantenimiento preventivo.

c) El jefe de partida o el responsable inmediato, en coordinación con el personal de mantenimiento.

d) Únicamente el personal de mantenimiento del centro.

18. ¿Por qué es importante sacar la ropa de la secadora inmediatamente una vez que se ha parado la máquina?

a) Porque el calor remanente puede deteriorar el tejido.

b) Porque se carga con electricidad estática y con un tiempo largo de reposo pueden producirse chispas capaces de provocar una llama.

c) Para evitar posturas forzadas en el momento de la extracción.

d) Para reducir la exposición del trabajador al ruido y a las altas temperaturas.

19. ¿Cuál es la función del Área de extracción en la lavandería hospitalaria?

a) Lugar donde los textiles son ordenados por categoría textil y por grado de suciedad y color.

b) Zona donde se extrae el exceso de agua de la ropa después de lavada (centrifugado).

c) Zona donde se plancha la ropa.

d) Área donde se almacena la ropa limpia hasta su distribución.

20. ¿Qué se puede utilizar, entre otros métodos, para lograr la separación funcional del área de procesamiento de ropa sucia y el área de almacenamiento de ropa limpia?

a) Barreras físicas.
b) Señalización de seguridad en el suelo.
c) Sistemas de ventilación con flujo de presión negativa desde áreas limpias a sucias.
d) Establecimiento de turnos de trabajo separados.

En MADTEST tienes **más preguntas de este tema**, y todos tus avances quedan registrados y se reflejan en el ranking.

¡Supera tus límites con MADTEST!

Solución al test n.º 11

1. c) Efectuarán los trabajos relacionados con el lavado de las ropas y prendas de la Institución, previa clasificación y recuento de las mismas.

2. c) Riesgo de atrapamientos, golpes y/o cortes.

3. b) Eliminar la suciedad, papeles, desperdicios, y obstáculos contra los que se puede tropezar.

4. c) Las más pesadas se colocarán en los estantes inferiores, y las de mayor uso en los estantes centrales.

5. c) Mínimo 80 cm.

6. b) Desconectar la tensión y sacar el enchufe, y comunicar los daños para su reparación por personal autorizado.

7. a) No deberá superar los 65 decibelios.

8. d) Exposición a fuentes de ruido generado por equipos o máquinas ruidosas.

9. b) Evitar el contacto de sustancias con la piel, y evitar el contacto con alimentos y bebidas.

10. b) En locales distintos e independientes de los de trabajo, debidamente aislados y ventilados.

11. b) Trabajos realizados con manejo de cargas o posturas forzadas.

12. c) Debe estar comprendida entre 50 y 70 %.

13. c) Limpiar periódicamente las lámparas y luminarias.

14. c) Distribuir de forma clara las tareas y competencias.

15. b) La falta de espacio para la circulación de vehículos.

16. b) Atrapamientos.

17. a) El personal especializado que indique el fabricante o proveedor.

18. b) Porque se carga con electricidad estática y con un tiempo largo de reposo pueden producirse chispas capaces de provocar una llama.

19. b) Zona donde se extrae el exceso de agua de la ropa después de lavada (centrifugado).

20. a) Barreras físicas.

TEST N.º 12

Protección medioambiental: nociones básicas sobre contaminación ambiental. Principales riesgos medioambientales relacionados con las funciones de la categoría

1. ¿Dónde se celebró la Conferencia de las Naciones Unidas sobre el desarrollo sostenible de 2012?

a) Río de Janeiro.
b) Johannesburgo.
c) España.
d) Estocolmo.

2. ¿Cuáles son fines de la Ley 7/2007 de Gestión Integrada de la Calidad Ambiental de la Junta de Andalucía?

a) Establecer un marco normativo para el desarrollo de los principios de salud laboral en la comunidad autónoma de Andalucía.
b) Establecer la periodicidad de las conferencias de las Naciones Unidas.
c) Establecer un marco normativo adecuado para el desarrollo de la política ambiental de la comunidad autónoma de Andalucía.
d) Todas las respuestas son correctas.

3. ¿Qué energía llega hasta la superficie de la tierra?

a) La energía emitida por el Sol.
b) La luz visible.
c) Toda la luz ultravioleta.
d) Ninguna.

4. ¿Qué consecuencias tiene el deshielo de los glaciares?

a) Aumento del nivel del mar.
b) Inundación.
c) Las dos respuestas anteriores son correctas.
d) Solo provoca un cambio climático.

5. ¿Qué gases producen efecto invernadero?

a) CO_2
b) H_2O
c) CH_4
d) Todos los anteriores.

6. ¿Cuál de estos efectos se debe al cambio climático?

a) Hielo.
b) Reforestación.
c) Desertización.
d) Todas las respuestas son correctas.

7. ¿Qué función tiene la capa de ozono?

a) Impedir el paso de parte de las radiaciones solares.
b) Hacer efecto invernadero.
c) Permitir el paso de la luz UV.
d) Todas las respuestas son correctas.

8. ¿Qué principal problema ambiental ocasionan los residuos sólidos?

a) El reciclado.
b) La contaminación del suelo.
c) La emisión de gases.
d) La contaminación atmosférica.

9. ¿Cuál de estos parámetros define la calidad del agua?

a) Elementos disueltos y turbidez.
b) pH y temperatura.
c) DBO y DQO.
d) Todas las respuestas son correctas.

10. ¿Cómo se minimiza el vertido de agua en la lavandería?

a) Prolongando los ciclos de lavado.
b) Reduciendo los ciclos de lavado.
c) Recirculando el agua en el túnel.
d) Eliminando los tratamientos de depuración.

11. ¿Cuáles de los siguientes no son residuos sanitarios?

a) Urbanos.
b) Sanitarios.

c) Asimilables a urbanos.
d) Citotóxicos.

12. ¿Cómo se envasan los residuos sólidos?

a) En bolsas negras que se introducen en otras bolsas de mayor galga y estas, a su vez, en contenedores.
b) En bolsas negras que se introducen en otras bolsas de menor galga y estas, a su vez, en contenedores.
c) En contenedores que se introducen en dos bolsas.
d) Directamente en vertederos controlados y autorizados.

13. ¿Cómo se define la reutilización en la ley 7/2022, de 8 de abril, de residuos y suelos contaminados para una economía circular?

a) Cualquier operación mediante la cual productos, o componentes de productos que no sean residuos, se utilizan de nuevo con la misma finalidad para la que fueron concebidos.
b) Las operaciones de valorización o eliminación, incluida la preparación anterior a la valorización o eliminación.
c) Cualquier operación cuyo resultado principal sea que el residuo sirva para una finalidad útil al sustituir a otros materiales que, de otro modo, se habrían utilizado para cumplir una función particular, o que el residuo sea preparado para cumplir esa función en la instalación o en la economía en general.
d) Toda operación de valorización mediante la cual los materiales de residuos son transformados de nuevo en productos, materiales o sustancias, tanto si es con la finalidad original como con cualquier otra finalidad.

14. ¿Qué utilidad pueden tener los aceites y grasas vegetales usados?

a) Compost.
b) Recuperar metales.
c) Jabón y biomasa combustible.
d) Todas las respuestas son correctas.

15. ¿Qué son residuos citostáticos?

a) Restos de medicamentos anticancerosos no aptos para su uso terapéutico.
b) Material sanitario de un solo uso que haya estado en contacto con el fármaco.
c) Excretas de los pacientes que han recibido tratamiento con citostáticos.
d) Todas las respuestas son correctas.

16. ¿Quién se encarga de la manipulación y tratamiento de residuos radiactivos en España?

a) El propio hospital.
b) ENDESA.

c) ENRESA.
d) El radiólogo.

17. ¿Por qué se deben segregar los residuos sanitarios en origen?

a) Porque asegura un adecuado tratamiento posterior.
b) Sale más barato.
c) Porque son residuos de baja peligrosidad.
d) No se segregan en origen.

18. ¿Qué es correcto sobre la recogida, trasporte y almacenamiento de residuos?

a) Los centros sanitarios han de tener claramente identificados sus puntos de producción de residuos.
b) Los envases, especialmente las bolsas de plástico, no deben arrastrarse por el suelo, sino que el carro deberá ser acercado lo máximo posible hasta el lugar de recogida.
c) La precaución más importante es que los envases estén convenientemente cerrados.
d) Todas las respuestas son correctas.

19. ¿Cuál es la altura máxima de apilamiento de envases de residuos?

a) 1 metro.
b) 5 metros.
c) El doble de la altura del envase.
d) Vendrá determinada por la resistencia del propio envase y la densidad de los residuos almacenados.

20. ¿En qué se basa la gestión intracentro de residuos?

a) Gestión de residuos que se lleva a cabo específicamente en los centros sanitarios.
b) Gestión de residuos que se lleva a cabo fuera de los centros sanitarios.
c) Tratamiento de los residuos vertidos.
d) Ninguna respuesta es correcta.

En MADTEST tienes **más preguntas de este tema**, y todos tus avances quedan registrados y se reflejan en el ranking.

¡Supera tus límites con MADTEST!

Solución al test n.º 12

1. a) Río de Janeiro.

2. c) Establecer un marco normativo adecuado para el desarrollo de la política ambiental de la comunidad autónoma de Andalucía.

3. b) La luz visible.

4. c) Las dos respuestas anteriores son correctas.

5. d) Todos los anteriores.

6. c) Desertización.

7. a) Impedir el paso de parte de las radiaciones solares.

8. b) La contaminación del suelo.

9. d) Todas las respuestas son correctas.

10. c) Recirculando el agua en el túnel.

11. a) Urbanos.

12. a) En bolsas negras que se introducen en otras bolsas de mayor galga y estas, a su vez, en contenedores.

13. a) Cualquier operación mediante la cual productos, o componentes de productos que no sean residuos, se utilizan de nuevo con la misma finalidad para la que fueron concebidos.

14. c) Jabón y biomasa combustible.

15. d) Todas las respuestas son correctas.

16. c) ENRESA.

17. a) Porque asegura un adecuado tratamiento posterior.

18. d) Todas las respuestas son correctas.

19. d) Vendrá determinada por la resistencia del propio envase y la densidad de los residuos almacenados.

20. a) Gestión de residuos que se lleva a cabo específicamente en los centros sanitarios.

TEST N.º 13

**Plan de emergencias en centros sanitarios. Equipos de primera
y segunda intervención, sus funciones. Medidas preventivas.
Conceptos básicos. Actuaciones a realizar.
Tipos y manejo de extintores**

1. ¿Qué nota técnica de prevención habla sobre el plan de emergencia contra incendios?

a) 25.
b) 45.
c) 65.
d) 95.

2. ¿Qué emergencias puede haber según su gravedad?

a) Falsa alarma y conato de incendio.
b) Conato de incendio e incendio grave.
c) Incendio grave y gran emergencia.
d) Todas las respuestas son correctas.

3. ¿Cómo sería la extinción de conatos de incendio?

a) A nivel de extintores.
b) Aviso a bomberos.
c) Evacuación de personas.
d) Son correctas las respuestas b) y c).

4. El plan de autoprotección es un documento único que no recoge:

a) El inventario, análisis y evaluación de riesgos.
b) El programa de mantenimiento de instalaciones.
c) Identificación de pirómanos.
d) Mantenimiento de la eficacia y actualización del plan de autoprotección.

5. ¿Cuál es la distancia máxima a recorrer desde cualquier punto hasta alcanzar un pulsador de alarma?

a) 10 metros.
b) 25 metros.
c) 50 metros.
d) 100 metros.

6. ¿Qué características tendrá la señal de comunicación de alarma?

a) La señal será, en todo caso, audible, debiendo ser, además, visible cuando el nivel de ruido donde deba ser percibida supere los 60 dB (A).
b) La señal será audible y, en todo caso, visible.
c) La señal será siempre audible y nunca visible.
d) Ninguna respuesta es correcta.

7. ¿Qué componentes tiene un sistema de bocas de incendio equipadas?

a) Fuente de abastecimiento de agua.
b) Red de tuberías para la alimentación de agua.
c) BIE necesarias.
d) Todas las respuestas son correctas.

8. ¿En qué tipo de extintor el agente extintor proporciona su propia presión de impulsión?

a) Hidrocarburos halogenados.
b) Anhídrido carbónico.
c) Nitrógeno.
d) Polvo polivalente.

9. ¿Qué factores se tendrán en cuenta para la elección de un extintor portátil?

a) Clase de fuego.
b) Tamaño de fuego.
c) Fuerza de la persona.
d) Las respuestas a) y b) son correctas.

10. Indica la afirmación correcta sobre el manejo de extintores portátiles:

a) Dirigir el chorro a la base de las llamas con movimiento de arriba abajo.
b) En caso de incendio de líquidos, proyectar superficialmente el agente extintor efectuando un barrido evitando que la propia presión de impulsión provoque derrame del líquido incendiado.
c) Aproximarse lentamente al fuego hasta un máximo aproximado de un centímetro.
d) Aproximarse lentamente al fuego hasta un máximo aproximado de veinte metros.

11. ¿Qué se debe hacer tras localizar el origen de una incidencia por incendio?

a) Clasificar la magnitud del incendio.
b) Comunicar el hecho al Jefe de Emergencia o de Primera Intervención o a su sustituto.
c) Actuar siempre por parejas.
d) Realizar la evacuación de personas.

12. ¿Cuál es la actuación correcta cuando un incendio no se puede controlar?

a) Comunicarlo al Jefe de Emergencia, pero sin abandonar el lugar, el incendio podría reactivarse.
b) Evacuar la zona cerrando las puertas que se vayan dejando a la espalda e indicarlo al Jefe de Emergencia.
c) Atacar el fuego con los medios de extinción disponibles, manteniéndose siempre de espaldas al mismo.
d) Todas las respuestas son correctas.

13. ¿Cómo se define el origen de evacuación?

a) Cualquier punto ocupable.
b) Foco activo del fuego.
c) Longitud real sobre el eje de pasillos, escaleras y rampas.
d) Espacio cerrado y formado por elementos constructivos separadores. Puede abarcar diversas plantas pero constituye un sector de incendio.

14. ¿Qué normas deben tenerse en cuenta en caso de evacuación por incendio?

a) Mantener la calma y tranquilizar a las personas durante la evacuación.
b) Guiar a los ocupantes hacia las vías de evacuación.
c) No permitir la recogida de objetos personales ni el uso de ascensores.
d) Todas las respuestas son correctas.

15. ¿Sobre qué trata el segundo documento del manual de autoprotección?

a) Plan de emergencia.
b) Medios de protección.
c) Evaluación del riesgo.
d) Implantación.

16. ¿A qué equipos nos referimos con aquellos que entre sus misiones fundamentales destacan preparar la evacuación, entendiendo como tal la comprobación de que las vías de evacuación estén libres de obstáculos, toma de puestos en puntos estratégicos de las rutas de evacuación y dirigir el flujo de evacuación? Equipos...

a) De primeros auxilios.
b) De primera intervención.

c) De segunda intervención.
d) De alarma y evacuación.

17. ¿Qué equipo representa la máxima capacidad extintora del establecimiento? El equipo…

a) De primeros auxilios.
b) De primera intervención.
c) De segunda intervención.
d) De alarma y evacuación.

18. ¿Qué es un ESI?

a) Equipo de primera intervención.
b) Equipo de segunda intervención.
c) Equipo de servicio de información.
d) Equipo de evacuación.

19. ¿Cuál es el documento 3 del manual de autoprotección?

a) Evaluación del riesgo.
b) Medios de protección.
c) Plan de emergencia.
d) Implantación.

20. ¿Cuál de las siguientes es función de los equipos de primera intervención?

a) Combatir conatos de incendio con extintores portátiles.
b) Conocer exhaustivamente el plan de emergencia.
c) Ayudar a los equipos de emergencia externos.
d) Manejar los sistemas fijos de extinción.

En MADTEST tienes **más preguntas de este tema**, y todos tus avances quedan registrados y se reflejan en el ranking.

¡Supera tus límites con MADTEST!

Solución al test n.º 13

1. b) 45.

2. d) Todas las respuestas son correctas.

3. a) A nivel de extintores.

4. c) Identificación de pirómanos.

5. b) 25 metros.

6. a) La señal será, en todo caso, audible, debiendo ser, además, visible cuando el nivel de ruido donde deba ser percibida supere los 60 dB (A).

7. d) Todas las respuestas son correctas.

8. b) Anhídrido carbónico.

9. d) Las respuestas a) y b) son correctas.

10. b) En caso de incendio de líquidos, proyectar superficialmente el agente extintor efectuando un barrido evitando que la propia presión de impulsión provoque derrame del líquido incendiado.

11. a) Clasificar la magnitud del incendio.

12. b) Evacuar la zona cerrando las puertas que se vayan dejando a la espalda e indicarlo al Jefe de Emergencia.

13. a) Cualquier punto ocupable.

14. d) Todas las respuestas son correctas.

15. b) Medios de protección.

16. d) De alarma y evacuación.

17. c) De segunda intervención.

18. b) Equipo de segunda intervención.

19. c) Plan de emergencia.

20. a) Combatir conatos de incendio con extintores portátiles.

Cómo acceder al Curso

Lavandera
Test del temario

El uso de los códigos **es exclusivo de los compradores de los productos de Editorial MAD**. Cada producto posee un código único y de un solo uso. Es personal e intransferible y da acceso a servicios y contenidos adicionales. Editorial MAD se reserva el derecho de hacer cuantas comprobaciones sean necesarias para identificar al legítimo poseedor del código y dejar de dar servicio a quien haga uso fraudulento del mismo, además de emprender cuantas acciones legales estime oportunas según la legislación vigente.

Deberás acceder a:

mad.es/registro-campus

Si una vez aceptadas las condiciones de uso del Campus decides hacer uso del mismo, necesitarás del siguiente código de acceso junto con los códigos del resto de títulos que se exigen (si fuera el caso):

5WE2BZLKN8